J. S. Pobee und
B. von Wartenberg-Potter (Hg.)

Komm, lies mit meinen Augen

Biblische und theologische Entdeckungen
von Frauen aus der Dritten Welt

Burckhardthaus-Laetare Verlag
Offenbach / M.

Titel der englischen Ausgabe: New eyes for reading. Biblical and theological reflections by women from the third world

Aus dem Englischen übersetzt von Dorothea Dilschneider und Marie Dilger
Lektorat: Ingrid Dehn, Düren

CIP-Kurztitelaufnahme der Deutschen Bibliothek

Komm, lies mit meinen Augen: bibl. u. theol. Entdeckungen von Frauen aus d. 3. Welt/J. S. Pobee; B. von Wartenberg-Potter (Hg.). [Aus d. Engl. übers. von Dorothea Dilschneider u. Marie Dilger]. – Offenbach/M.: Burckhardthaus-Laetare-Verlag, 1987. –

Einheitssacht.: New eyes for reading ‹dt.›
ISBN 3-7664-9246-2

NE: Pobee, John S. [Hrsg.]; EST

Inhalt

Einleitung

„Komm, lies mit meinen Augen“ ist die Aufforderung, mit den Augen von Betroffenen neu zu lesen – ja, wir müssen wirklich zu allen Zeiten immer wieder einen neuen Zugang zu unseren alten Texten und Traditionen suchen, um ihre Wichtigkeit und Bedeutung für unser Leben wiederzuentdecken.

Hier sind einige der Entdeckungen, die Frauen heute machen, indem sie ihre eigene Tradition mit einem geschärften Bewußtsein sehen und lesen.

Sie fordern uns auf dreierlei Weise heraus.

1. Sie weisen klar auf die Lebenssituation hin, aus der heraus die Frauen schreiben. Sie sind „Dritte-Welt-Frauen“, die für sich selbst die sozialen, religiösen, politischen und wirtschaftlichen Verhältnisse, unter denen sie leben, miteinbeziehen. Aus ihrer Situation heraus reflektieren sie Gottes Wort, wie unterschiedlich dies auch von einem Land zum anderen sein mag.

2. Sie bringen die theologischen und spirituellen Entdeckungen zum Ausdruck, die Frauen gemacht haben. Dies mag als Einschränkung empfunden werden; doch sie wollen weder eine universale Gültigkeit in Anspruch nehmen, noch wollen sie ihre Erkenntnisse anderen überstülpen, wie dies die traditionelle westliche Theologie manchmal getan hat. Eine der Grund-Voraussetzungen jeder ehrlichen Theologie ist es, ihre eigenen Begrenzungen und Vorurteile anzuerkennen. Nur durch solche Zugeständnisse kann ein echter ökumenischer Dialog zustandekommen.

Diese auslegungsmäßige Voraussetzung lenkt unsere Aufmerksamkeit auf die Tatsache, daß Theologie zu lange ein

Gebiet war – zunächst für die studierten Männer des Nordens, dann für die studierten Männer von Nord und Süd –, auf dem Frauen sich erst in den letzten Jahren Gehör verschaffen konnten, ob im Norden oder im Süden. Das Fehlen der Stimmen und Meinungen von Frauen aus dem weiten Feld theologischen Denkens und geistlicher Führung hat die Kirchen verarmen lassen. Die hier zusammengestellten Überlegungen sind ein bescheidener Versuch, den Graben zu überbrücken. Sie weisen auch darauf hin, daß Frauen-Theologie und eine feministische Annäherung an Bibel und Tradition kein alleiniges Vorrecht westlicher Frauen sind.

3. Die einzelnen Kapitel legen Gedanken zu biblischen Texten dar sowie Reflektionen zur Situation von Frauen in der Kirche. Sie sind Teil eines weiterführenden Dialogs zwischen den Frauen in der ökumenischen Bewegung über ihre Verantwortung, das ökumenische Gespräch weiterzubringen und ihre eigenen Kirchen zu erneuern. Denn es kann keine Erneuerung der Kirchen geben, solange die neue Rolle von Frauen und ihre Mitarbeit unbeachtet bleiben. Aber Frauen, die es wagen, kritische Fragen zu stellen, sind oft in der Minderheit. Deshalb brauchen wir den weltweiten Dialog und eine weltumspannende Schwesterlichkeit, um uns gegenseitig vor Ort zu stärken und einander zu helfen, Verständnis und Feingefühl zu entwickeln für die Vielfalt von Situationen, in denen Frauen heute Theologie betreiben. In vielen Kirchen ist die Zahl von Theologie-Studentinnen sprunghaft angestiegen und mehr Frauen haben inzwischen Führungspositionen übernommen.
Der Abteilung „Frauen in Kirche und Gesellschaft“ des Ökumenischen Rates der Kirchen ist es ein tiefes Anliegen, Frauen-Theologie zu ermutigen. Wir freuen uns, dieses Buch in Zusammenarbeit mit der Abteilung „Theologische Ausbildung“ herauszubringen, denn auch sie haben ein Interesse am Beitrag von Frauen zur Theologie.

John Pobee — Bärbel von Wartenberg-Potter

Die Frau, die die Gesetze umstieß

Elizabeth Amoah

Bei den Menschen, die ihm folgten, war eine Frau, die schon 12 Jahre an Blutungen litt. Sie war von vielen Ärzten behandelt worden und hatte dabei sehr zu leiden; ihr ganzes Vermögen hatte sie ausgegeben, aber es hatte ihr nichts genutzt, sondern ihr Zustand war immer schlimmer geworden. Sie hatte von Jesus gehört. Nun drängte sie sich in der Menge von hinten an ihn heran und berührte sein Gewand. Denn sie sagte sich: Wenn ich auch nur sein Gewand berühre, werde ich geheilt. Sofort hörte die Blutung auf, und sie spürte deutlich, daß sie von ihrem Leiden geheilt war. Im selben Augenblick fühlte Jesus, daß eine Kraft von ihm ausströmte, und er wandte sich in dem Gedränge um und fragte: Wer hat mein Gewand berührt? Seine Jünger sagten zu ihm: Du siehst doch, wie sich die Leute um dich drängen und da fragst du: Wer hat mich berührt? Er blickte umher, um zu sehen, wer es getan hatte. Da kam die Frau, zitternd vor Furcht, weil sie wußte, was mit ihr geschehen war; sie fiel vor ihm nieder und sagte ihm die ganze Wahrheit. Er aber sagte zu ihr: Meine Tochter, dein Glaube hat dir geholfen. Geh in Frieden! Du sollst von deinem Leiden geheilt sein.

Markus 5, 25–34 (Jerusalem Bibel)

Die schwache, blasse Frau in dieser Geschichte war arm und frustriert, denn zu ihrem körperlichen Elend kamen noch die Forderungen der israelitischen Gesetze über Unreinheit hinzu, wie sie in Levitikus 15, 19ff festgelegt waren.

Ihre Zwangslage wäre womöglich noch schlimmer gewesen, wenn sie in meinem Land gelebt hätte. Bei den Akan in Ghana wurden die Frauen während ihrer Periode fast wie Aussätzige behandelt.

Der Tradition gemäß war die Frau während der Tage ihrer Periode nicht nur zahlreichen Einschränkungen ausgesetzt –

es war ihr z. B. nicht erlaubt, die Schwelle von irgendeines Mannes Haus zu übertreten, noch durfte sie den ganz gewöhnlichen Pflichten einer Frau nachgehen, wie dem Kochen der Mahlzeiten – sie mußte sogar ihr eigenes Haus verlassen und allein im „Menstruationshaus“ am Rande des Dorfes leben.
Wenn die Akan also beschreiben wollten, daß die Frau ihre Periode hatte, benutzten sie den beschönigenden Ausdruck, „sie ist zum Stadtrand gegangen“!
Das Blut dieser Frauen wurde für wirksam gehalten, andere Mächte auszuschalten oder zu besiegen. Vergleichbare Gedanken finden wir in vielen anderen Kulturen.
Die namenlose Frau mit den Blutungen, die Markus beschreibt, muß wegen ihrer Krankheit unter finanziellen Problemen gelitten haben. Sicher war sie auch sozialen, kulturellen und religiösen Schwierigkeiten ausgesetzt. Sie mußte sich sehr vorsichtig bewegen, um zu vermeiden, daß andere durch den Kontakt mit ihr unrein würden.
Diese Frau, die in dem Bericht keines Namens würdig ist, lebte 12 Jahre lang in dieser schrecklichen Isolation. Sie hatte keine Hoffnung, geheilt zu werden – bis Jesus kam.

Aufgrund der Regeln und Verordnungen, wie sie in Levitikus 15 ausgeführt werden, mußte der Frau klar sein, daß sie nicht einfach hinausgehen und sich unter die Menge mischen konnte, die Jesus folgte.
Und doch – entweder aus Aberglauben oder aus einem ganz eigenen Vertrauen und Glauben an Jesus – ist sie hartnäckig überzeugt davon, daß all ihre Jahre der Einsamkeit und Enttäuschung ein Ende haben werden, wenn sie nur Jesu Gewand berührt.
Seit Jahren in die Enge von Traditionen und Bräuchen eingebunden, erörtert sie ihre Lage. Sollte sie versuchen, Jesus zu berühren, um dadurch vielleicht geheilt zu werden? Oder sollte sie sich mit den religiösen Vorschriften abfinden und weiterhin mit ihrer Krankheit und deren Folgen leben?

Was immer jemand von uns in vergleichbaren Umständen als richtige Entscheidung vorschlagen mag; bei den Akan gibt es ein Sprichwort, das den Nagel auf den Kopf trifft: „Nur die Person, die ganz nah am Feuer ist, fühlt, wie heiß es ist." Diese Frau ist ganz nah am Feuer. Sie allein weiß, was sie in 12 langen Jahren durchlitten hat. Sie allein weiß, wie verzweifelt sie darauf angewiesen ist, geheilt zu werden.

Deshalb entschließt sie sich, die Vorschriften zu übertreten. Sie berührt Jesus. Diese herausfordernde und mutige Tat führt nicht nur zu ihrer sofortigen Heilung, sondern Jesus lobt sie auch noch mit den Worten: „Meine Tochter, dein Glaube hat dir geholfen. Geh in Frieden. Du sollst von deinem Leiden geheilt sein."

Einerseits ist die Geschichte der Begegnung zwischen der namenlosen Frau mit den Blutungen und Jesus eine Frauengeschichte. Sie sagt uns, daß die Gegenwart Jesu uns befähigt, die Herausforderungen durch alle möglichen Gesetze und Traditionen, die uns knechten und frustrieren, anzunehmen und sie zu hinterfragen.

Aber die Erfahrung der Frau und die Lehre, die wir aus der Geschichte ziehen können, bedeuten eine Herausforderung an alle Christen. Sie ist anwendbar auf viele verschiedene Situationen menschlichen Lebens.

Wahre Erlösung wird wohl immer bestehende Gesetze und Regeln in Frage stellen. Aber es verlangt auch eine Anstrengung und Bewußtheit von der Person, die auf Erlösung hofft.

Hagar erschwert die Heilsgeschichte

Elsa Tamez

Einführung

Alle Christen, und vor allem Christen, die sich in den Befreiungsprozeß vertieft haben, glauben, daß die Bibel eine befreiende Botschaft für das Leben hat. Gott wird durch seine Werke und Taten als Befreier der Unterdrückten gesehen. (So hat er an Israel gehandelt, als es unterdrückt war, und später an den Armen Israels.)
Nach Severino Croatto, einem argentinischen Gelehrten, ist das wesentliche Ereignis der Exodus, der immer neue Fakten hervorbringt, je länger man sich damit befaßt. Befreiung wird nicht einfach als siegreiche Gnade gefeiert, sondern auch als Ausdruck des Glaubens an einen Befreier-Gott, der auch heute noch befreit. Der Glaube an Gott erwächst aus der Erfahrung von Befreiung im Exodus und in anderen kritischen Phasen. Dieser Gedanke durchzieht die Bibel und wird in immer neuen Situationen reinterpretiert und mit neuer Bedeutung gefüllt.
Parallel zur Exodus- Geschichte weisen uns die Lehren von Jesus Christus einen Weg, wo wir auch Auszugsgedanken wiederfinden. Dadurch sind wir in der Lage, den ganzen biblischen Text von einer Befreiungsperspektive her zu lesen.
Es gibt in der Bibel Überarbeitungen von Ereignissen, die ursprünglich ganz bestimmte Bedeutungen hatten und den Glauben in Krisensituationen vergegenwärtigten, deren Eindruck aber im Lauf der Zeit verblaßte. Solche Passagen werden nicht nur aus intellektueller Neugier überarbeitet um die Vergangenheit zu verstehen, sondern aus der Notwendigkeit, Antworten auf unsere heutigen Lebenssituationen zu finden.

Nach Carlos Mesters fungiert unsere Gegenwart als Filter, Kriterium und Licht und ist Bestandteil der Suche nach der Bedeutung biblischer Texte.
Obwohl die Katalogisierung der Bücher der Bibel abgeschlossen ist, bleibt die Gegenwart Gottes weiterhin spürbar. Vom Geist getrieben suchen christlichen Frauen in ihrem täglichen Leben nach diesem Befreiungsgott der Exodusgeschichte und nach Jesus Christus, der heute Gottes Werk fortführt. Frauen, die sich an dieser Art zu denken orientieren, werden niemals die Texte als Norm anerkennen, in denen ihre Unterwerfung gutgeheißen wird.
Bibelarbeiten aus dieser Perspektive bieten viel Konfliktstoff. Frauen hören, wie die Stimme Gottes sie bestätigt. Die meisten Männer vernehmen solches nicht, da ihre Tradition sie glauben läßt, daß sie auf Grund ihrer Männlichkeit erwählt seien. Dieser Konflikt ist sehr gesund. Er läßt uns darüber nachdenken, was in allen Facetten unseres Denkens und Verstehens der Verwandlung zum neuen Menschen im Wege steht. Dazu gehört die radikale Änderung von männlichen oder Macho-Verhaltensweisen, sowohl theoretisch als auch praktisch und vor allem aus persönlicher Überzeugung. Aber paßt auf! Seht euch vor!
Die Bibel mit den Augen einer Frau aus der sog. „Dritten Welt" zu lesen, heißt, zwei Frauen in einen Konflikt zu bringen. Dies wollen wir tun, indem wir folgende Geschichte neu lesen.

[Um die folgenden Ausführungen zu verstehen, ist es ratsam, die Bibel zur Hand zu nehmen, und 1. Mose 16–21 zu lesen!]

Eine unterdrückte Frau: Hagar

Wenn Kirchenleute von Frauen in der Bibel reden, wählen sie normalerweise so berühmte Frauen wie Deborah, die Königin Esther, Sara oder Maria. Selten oder nie erwähnen sie weibliche Sklavinnen, die heidnisch waren oder arm wie Hagar, die Sklavin, die Sara aus Ägypten mitbrachte. Für traditionelle Bibelarbeiten ist Hagar ein negatives Modell, weil sie rebellisch wurde und sich Saras Wünschen widersetzte.

Beim Lesen der Geschichte von Sara und Hagar (1. Mose 16, 1–4 und 21, 8–20) identifizieren wir uns gewöhnlich mit Sara, der schönen Frau des großen Patriarchen Abraham, dem Vater des Glaubens. Wir tun dies aus zwei Gründen. Erstens, weil die Geschichten so angelegt sind, daß die Leser/innen zu solcher Identifikation kommen, da Saras Rolle in der Geschichte Israels sehr entscheidend ist. Zweitens betont die Geschichte die Unterwürfigkeit der Arbeiter/innen und deshalb erscheint Saras Haltung Hagar gegenüber ganz natürlich.
Diese beiden Elemente sollten wir gleich zu Beginn erkennen, und uns ganz bewußt von ihnen distanzieren, um den Text aus der Sicht einer „Dritte Welt"-Frau neu zu lesen oder vielleicht zu rekonstruieren.
Diese Geschichte, die heutigen Arbeiter/innen keineswegs fremd vorkommen wird, ereignete sich vor vielen tausend Jahren, während der dritten Ur-Dynastie und der zwölften ägyptischen Dynastie. Wir entnehmen dies aus zwei Quellen: einer jahwistischen, 1. Mose 16, im 10. Jahrhundert v. Chr. niedergeschrieben – und der elohistischen, 1. Mose 21, aus dem 8. Jahrhundert v. Chr. Beide Kapitel sind vielleicht Varianten derselben Geschichte, sie handeln unter Umständen aber auch von zwei verschiedenen Situationen. Uns betrifft dies nicht in unserer Bibelarbeit, weil wir die Geschichte so lesen, wie sie im biblischen Text vorkommt, d. h. das 21. Kapitel als Fortsetzung des 16. Kapitels, obwohl es gewisse Unterschiede gibt, was Handlungen und Charaktere der verschiedenen Personen angeht. Unsere Absicht ist es, die Geschichte aus der Sicht der Sklavin zu lesen, so wie sie aufgeschrieben wurde.

Hagar und Ismael erschweren die Heilsgeschichte

Für Sara und Abraham war alles wohl geplant, bis eine Frau und ihr Sohn die Geschichte durchkreuzten und Schwierigkeiten mit sich brachten.

Wer ist Hagar?
Hagar ist eine Sklavin in Saras Diensten. Zu jener Zeit gab es wenige Sklaven, die meisten von ihnen waren Mägde und Knechte. Nur ziemlich reiche Leute konnten sich Sklaven halten. Abraham und Sara waren ein reiches Paar und betrachteten ihren Reichtum als Geschenk Gottes, wie es bei den Hebräern üblich war. Sklaven wurden als Eigentum behandelt und gekauft oder verkauft. Ihr Wert lag zwischen 20 und 40 Schekel. Es gab unterschiedliche Klassen von Sklaven – Kriegsgefangene, die zu Sklaven gemacht wurden, einige, die gekauft waren, Kinder von Sklaven, die im Haus der Eigentümer aufgewachsen waren und andere, die sich selbst wegen ihrer Armut als Sklaven verkauft hatten. In der Tora gab es verschiedene Gesetze, die das Leben dieser Sklaven erleichtern sollten, woraus wir schließen müssen, daß sie unterdrückt waren.
Die Beziehungen zwischen Ägypten und Vorderasien waren zu jener Zeit friedlich. Deshalb konnte Hagar keine Kriegsgefangene sein, die an Abraham verkauft wurde. Möglicherweise wurde Hagar als Dienerin an Sara verkauft. Sie könnte auch eine „apiru" (den ärmsten Randgruppen zugehörig) gewesen sein, die sich selbst, ihrer extremen Armut wegen, in die Sklaverei verkauft hatte. Der Text erklärt nicht genau, wie Hagar Saras Sklavin wurde, aber er sagt ausdrücklich, daß sie es war. Hagar war der Typ von Sklavinnen, die nach ihrer Herrin schauten, Hausarbeit verrichteten und die Kinder ihrer Gebieterin betreuten.
Hagar war Ägypterin, was gegen sie sprach und ihr das Leben erschwerte. Fremde waren in Israel diskriminiert und wurden zu den unwichtigsten Menschen gezählt wie den Witwen, Waisen und Armen. Sie waren unterdrückt. Das hebräische Gesetz verbot wiederholt den Mißbrauch von Bediensteten. Hebräische Solidarität erstreckte sich aber nur auf das eigene Volk. Aus diesem Grund nahmen sie Fremde zu Sklaven. Ihre eigenen Israeliten wollten sie solcher Behandlung nicht aussetzen. Ausländische Sklaven blieben lebenslänglich Sklaven, während hebräische Sklaven im Halljahr ihre Freiheit erlangen konnten. Von daher war

Hagar dazu bestimmt, Sara bis zu ihrem Lebensende zu dienen, wenn nicht ihre Besitzer sich dafür entschieden, ihr die Freiheit zu geben.
Als Frau wurde Hagar dreifach unterdrückt – auf Grund ihres Sklavinnen-Status, ihrer Rasse und ihres Geschlechts. Wie wir wissen, war Israel eine patriarchale Gesellschaft, und Frauen besetzten definitiv einen niederen Platz in ihr.

Nun haben wir hier diese ägyptische Frau, die Gottes wunderbare Pläne mit Sara und Abraham durcheinander bringt. Gott versprach Abraham Nachkommen, aber seine Frau konnte keine Kinder gebären. Oft wurde gesagt, daß dadurch gezeigt werden sollte, daß bei Gott kein Ding unmöglich sei. Dies ist die jahwistische Auslegung, die die Leser/innen interessieren mag. Aber warum sollen wir nicht sagen, daß dies so geschah, um den Unterdrückten dieser Erde die Geschichte der Erlösung zu offenbaren?
Saras Unfruchtbarkeit war deshalb noch schlimmer, weil sie aus der östlichen Welt kam. Aber ihre Sterilität wird für Hagar zum Segen, denn sie wird den Erstgeborenen Abrahams austragen.
Sara weigert sich, ihre eigene Unfruchtbarkeit anzunehmen. Sie muß dafür sorgen, daß Abraham Nachkommen hat, deshalb sucht sie Zuflucht bei den Gesetzen der Hurriten-Familien, mit denen sie sehr vertraut war. Sie gibt Abraham ihre Sklavin als Konkubine. In der Mittelmeer-Region war es weit verbreitet, daß Frauen ihre Sklavinnen den Männern als Konkubinen gaben, damit Nachkommen geboren würden. Rachel und Leah taten dies auch. Die Kinder dieser Sklavinnen waren dann legitime Söhne der Besitzer.
Hagar wurde schwanger. In der Geschichte kommt Hagar zum ersten Mal vor, als Gott Abraham Generationen von Nachkommen verheißt (Kap. 15), im nächsten Kapitel ist Hagar dann schon schwanger von Abraham. Die Verheißung ist erfüllt, denn Abraham wird einen Sohn bekommen (1. Mose 15, 4). Nach den Familien-Regeln jener Zeit war dies ganz annehmbar. Aber für Abrahams Stammbaum und die hebräische Kultur war es vielleicht doch nicht so gut. Auslän-

disches Blut, und noch dazu das einer Sklavin, könnte die Abstammungslinie verdunkeln.
Schließlich war die schöne Hebräerin Sara dann doch noch fähig, ihrem Mann ein Kind zu schenken (1. Mose 18), um die Verheißung der Nachkommenschaft zu erfüllen, ohne dem Erzähler, der Kultur und Tradition Probleme zu bereiten. Aber da war Ismael, der Sohn der Sklavin Hagar, der nicht ausradiert werden kann aus der Geschichte, und der immer sein Recht als Erstgeborener und legitimer Sohn Abrahams fordern wird.

Das Erscheinen von Hagar und Ismael in der patriarchalen Geschichte ist kein simpler Trick, um das Interesse an der Geschichte oder die Spannung zu erhöhen. Vom literarischen Standpunkt her mag es so erscheinen, aber das entspricht nicht seiner wirklichen Bedeutung. Wenn diese Ereignisse durch die Traditionen und Zeiten zusammengetragen wurden, um in die biblische Geschichte eingefügt zu werden, dann deshalb, weil sie auch uns heute noch etwas zu sagen haben. Die für nebensächlich und unwichtig erachteten Forderungen erstgeborener Söhne gehören in die Geschichte der Erlösung mit hinein, auch wenn sie die Reihenfolge durcheinander bringen und die Heilsgeschichte erschweren.

Hagar weist ihr Sklavinnen-Dasein zurück

Während Hagar ihre Rolle als Dienerin mit der der Konkubine tauscht und das Kind von Abraham erwartet, erkennt sie plötzlich, was ihr Sklavinnen-Dasein bedeutet. Gott hat sie mit einem Sohn gesegnet, und sie ist nicht bereit, auf ihn und das Recht auf ihn zu verzichten, um ihn ihrer Herrin zu geben. Darüber hinaus bricht sie mit der legalen Tradition, indem sie glaubt, nun als Person einen ebenbürtigen Status gegenüber ihrer früheren Gebieterin zu haben. Sie fühlt sich nicht länger als Sklavin, ohne das Recht, Entscheidungen zu fällen. Sie ist die schwangere Frau ihres Herrn und mit ihm zusammen verwickelt in die Vollendung von Gottes Verheißungen. Vielleicht war es Hagar klar, daß sie eine Fremde und Sklavin war, aber sie wußte auch, daß Amenemes I. kein königliches Blut hatte, wie der Prophet Nepherty verkündete, und trotzdem die 12. Dynastie in Ägypten begründete. Möglicherweise dachte sie, daß Abraham auf ihrer Seite sei, und die Gesetze nicht so sehr beachten würde. Aber um somehr verlangte Sara, daß sie befolgt würden. In Vers 5 führt Sara eine juristische Formel an, um den legalen Schutz auf ihrer Seite zu haben: „Meine Kränkung falle auf deine Schultern; ich lasse meine Sklavin mit dir schlafen, aber nun, da sie schwanger ist, schaust du mit Widerwillen auf mich..." Der Codex Hammurabi verhängte Strafen über jene Sklavinnen, die versuchten, nachdem sie Konkubinen geworden waren, den gleichen legalen Status wie die Ehefrauen zu erlangen.

Der erste Teil trifft nicht auf Sara zu, aber der zweite: „Eine Priesterin vom Rang der Naditum, die frei heiraten, aber keine Kinder haben kann, gibt ihrem Manne eine Sklavin, um mit ihr Kinder zu haben. Wenn diese Konkubine versucht, zwischen sich und der legalen Frau eine Gleichheit herzustellen, hat die Frau das Recht, sie in die Sklaverei zurückzuschicken, sie aber nicht an andere zu verkaufen." (Cod. Ham. 146)

Sara sah ihre Rechte als Ehefrau und Gebieterin bedroht. Es war ihr wichtiger, ihre Stellung als Frau zu erhalten, als Abraham einen Sohn zu geben, der natürlich nach der Tradition sein Sohn war.

Abraham entschied sich dafür, Sara zu gehorchen und dem Gesetz, gegen die Gefühle von Hagar oder die Interessen des Sohnes. Hagar verliert. Abraham bricht die Beziehung zu ihr ab und gibt sie an Sara zurück. Hagar ist wieder zu ihrem alten Status als Sklavin degradiert. Aber Sara war nicht glücklich damit. Sie konnte Hagar nicht wegschicken wegen dem Gesetz (Cod. Ham. 146), das solches unter diesen Umständen verbot. Aber sie mißhandelte sie so sehr (Vers 6), daß Hagar trotz aller Gefahren in die Wüste floh.

Hagar widerstand Sara und wurde vielleicht deshalb mehr denn je von ihr unterdrückt. Sie wollte nicht zu ihrem alten Status zurückkehren und hatte ihr Sklavinnen-Dasein zurückgewiesen. Sie war nicht daran interessiert, Saras

Zuneigung zu gewinnen, indem sie die Beleidigungen still erduldete. Hagar zog es vor, in der Wüste zu sterben. Ihr blieben nur zwei Alternativen: sich den Demütigungen auszusetzen oder in der Wüste zu sterben. Sie wählte die zweite.

Hagar und Ismael, in der Geschichte an den Rand gedrückt (1. Mose 21)

Dieses Szenario ist heutigen Hausangestellten auch vertraut. Sie wird aus dem Haus geworfen, weil sie dem Besitzer des Hauses einen Sohn gebiert, und weil sie zu ohnmächtig ist, ihm zu widerstehen. Sie ist nur ein Objekt und wird als solches hinausgeworfen.

In unserer Geschichte gibt es ein großes Fest. Sara ist glücklich, weil ihr eigener Sohn Isaak entwöhnt wurde. Er ist 3 Jahre alt, und in diesem Alter werden die Kinder normalerweise entwöhnt. Alle sind glücklich, denn das zweite Kind des Herrn hat die Risiken eines frühen Säuglingstodes überstanden und tritt nun in eine neue Entwicklungsstufe ein. Die kleinen Brüder Ismael und Isaak spielen zusammen in aller kindlichen Unschuld.

Dieses Bild der Kinder erinnert uns daran, daß Sara ihren adoptierten Sohn Ismael nicht länger braucht. Ihr eigener Sohn Isaak hat nun alle Gefahren in früher Kindheit sicher überstanden. Ismael, der Sohn von Abraham, aber nicht von Sara, soll nun gehen, damit er keinen Anspruch auf einen Teil des Erbes geltend machen kann.

Die Haltung von Sara ist egoistisch und grausam; wir sollten dies zur Kenntnis nehmen. Einige Kommentare haben versucht, dies abzuschwächen. Sie sagten, daß Ismael nicht mit Isaak gespielt habe, sondern sich über ihn lustig machte, was seine Mutter ärgerte. Wie dem auch sei, der Text stellt uns vor das Problem von Ismaels Alter. Offensichtlich macht ihn der elohistische Erzähler etwas älter als Isaak, denn Abraham setzt ihn auf Hagars Schultern (Vers 14), als er ihm auf Wiedersehen sagt, und sie legt ihn später in der Wüste unter einen Busch (Vers 15). Wie auch immer, nach priesterlichen Quellen muß der Junge 17 Jahre alt gewesen sein.

Auch das wurde benützt als Entschuldigung für Saras Grausamkeit. Wenn Ismael wirklich 17 Jahre alt war und den kleinen Isaak weiterhin ärgert, kann die Mutter nicht anders reagieren als ihr Kind zu beschützen. Aber unser elohistischer Erzähler zeichnet so ein nettes Bild von den beiden spielenden Kindern, daß wir daraus anderes schließen können. Sara hat so gehandelt, weil sie die einzige Frau im Haus sein wollte, und die Mutter des verheißenen Nachkommen und Erben, – nicht weil sie vielleicht mehr Visionen gehabt hätte als Abraham, oder weil sie Gottes Plan besser ausführen wollte, wie behauptet wurde. Gott hat sie so handeln lassen, weil er andere Pläne für Hagar hatte. Er wußte um eine bessere Zukunft für sie als im Hause Abrahams.
In diesem Kapitel 21 ist Hagar nicht mehr die Dienerin Saras, sondern einfach eine Magd des Hauses, die auch des Herrn Konkubine war. Auf jeden Fall bittet Sara Abraham, den Haushaltsvorstand, sie samt ihrem Sohn hinauszuwerfen.
„Und sie sagte zu Abraham: Verstoß diese Magd und ihren Sohn, denn der Sohn dieser Magd soll nicht zusammen mit meinem Sohn Isaak Erbe sein" (1. Mose 21,10).
Sara bezieht sich nicht auf Ismael als Abrahams Sohn. Sie sieht in ihm nur das Blut der ägyptischen Sklavin. In diesem Kapitel spricht sie auch nie von Hagar, sondern nur in respektloser Weise von „dieser Magd". Sara verweist dann auf die soziale Ungleichheit. Ismael ist anders als Isaak, denn er ist das Kind „dieser Magd", während Isaak der Sohn der richtigen Frau im Hause ist.
Saras Einspruch an Abraham ist gegen die bestehenden Gesetze jener Zeit. Sara durchbricht die Legalität, weil es ihren Zielen nicht dienlich ist. Das Kind einer Sklavin darf nicht hinausgeworfen werden. Das geltende Gesetz in der Region anerkannte das Recht der Adoption des Kindes durch die legale Frau, aber nicht das Recht zu erben. Darüber hinaus war das adoptierte Kind der Sklavin, in diesem Falle Ismael, gleichgestellt mit Isaak, was das Erbe betraf (Cod. Ham. 170). Niemand kann diese Rechtsprechung ändern, auch nicht die Frau des Hauses, und wegen besagtem Gesetz konnte sie niemals das Kind von Hagar hinauswerfen.

Aber Sara unterwarf sich dem Gesetz, wenn es ihr dienlich war, und sie brach es, wenn ihr das angenehmer war.
Abraham wies zunächst ihren Vorschlag zurück. Er liebte sein Kind von Herzen, und vielleicht liebte er auch Hagar, was ein anderer Grund für Saras Eifersucht gewesen sein kann. Vielleicht wollte Abraham auch das Gesetz nicht brechen. Er nahm schweren Herzens Abschied von ihnen, nicht nur Sara zuliebe, sondern auf Anweisung des Engels des Herrn (wir werden ihn später noch treffen).
Der Erzähler beschreibt eine Szene, die voll ist von Traurigkeit: „Im Morgengrauen stand Abraham auf, nahm Brot und einen Schlauch voll Wasser, übergab beides Hagar, setzte ihr das Kind auf die Schulter, und entließ sie" (Vers 14).
Hagar ist hier nicht die rebellische, stolze Person, über die wir in Kap. 16 lesen. Hier ist es schmerzlich, sie mit ihrem Sohn in Richtung Wüste aufbrechen zu sehen. In diesem Kapitel flieht sie nicht aus eigenem Willen, sondern nur, weil Sara und Abraham es so anordnen. Hagar rebelliert nicht gegen die Ungerechtigkeit, aber sie bittet auch nicht darum, nicht hinausgeworfen zu werden. Sie verläßt das Haus, um vielleicht eine größere Freiheit zu erfahren. Sie ist nun alleine verantwortlich für Ismael. Weder Abraham noch Sara können irgendwelche Rechte auf ihn geltend machen. Sie wird sehr hart kämpfen müssen, um ihm Mutter und Vater sein zu können.
Saras Absicht ist es, die Beiden aus der Geschichte auszulöschen, um selbst als einzige Mutter des verheißenen Volkes dazustehen. Aber was geschieht mit dem Anteil von Abrahams Blut in Ismael? Wer kann das tilgen? Nur wenn sie in der Wüste sterben, wird diese Bedrohung ausgelöscht sein.

Gott segnet Hagar und Ismael

Zweimal fand sich Hagar in der Wüste vor, beide Male wurde sie vom Engel des Herrn gerettet. Beim ersten Mal fand er sie schwanger in der Nähe einer Quelle (1. Mose 16,7), beim zweiten Mal war sie dem Verdursten nahe (21,16). Jedes Mal hat Gott sie gerettet und gesegnet.

Bei ihrer ersten Begegnung mit Gott konnte Hagar fast nicht glauben, daß sie Gott gesehen hatte. Danach hatte sie keine Zweifel mehr, denn Gott hatte sie und ihr Baby vom Rande des Todes gerettet.
Die Sklavin Hagar ist die einzige Frau im Alten Testament, die erfahren hat, daß Gott ihr in menschlicher Gestalt erschienen ist (Kap. 16). Dies ist sehr wichtig. Die großen Männer der Bibel wie Abraham, Moses und Jakob, die Begründer des hebräischen Glaubens, hatten Visionen von Gott erlebt, aber Hagar war eine ägyptische Sklavin. Wieso sollte sie das Privileg haben, Gott zu sehen und zu sprechen? War es einfach so, daß Gott Mitleid mit ihr hatte in der Wüste?
Hagar erfuhr die Offenbarung, weil Gott deutlich machen wollte, daß die Unterdrückten auch Kinder Gottes sind, Mit-Schöpfer der Geschichte. Gott erlaubt nicht, daß sie in der Wüste verschwinden, ohne eine Spur zu hinterlassen. Sie sollen leben, um Teil der Geschichte zu sein, und kämpfen, um als Subjekte in ihr vorzukommen.
In Kapitel 16, noch vor Ismaels Geburt, war Hagar überrascht, daß Gott an ihr, einer Magd, einer Heidin, einer Frau, Interesse zeigte. Sie sagte nämlich: „Habe ich hier nicht nach dem geschaut, der nach mir schaut?" (Jerusalem Bibel). Vielleicht war es in Hagars Leben einfach unvorstellbar, daß Gott ihr nahekommen könnte, denn sie war ja eine Sklavin. Deshalb war sie unsicher, ob das, was ihr widerfuhr, wirklich sein konnte. Sie mag sich gefragt haben: Sieht er mich wirklich und sorgt für mich? Kann ich von Interesse für ihn sein? Ich gehöre schließlich nicht zu Abrahams Stamm!

Es ist erstaunlich, daß Hagar Gott einen Namen gibt. Sie nennt ihn den Gott, der sieht, denn dieser Gott sah ihre Not und Unterdrückung und eröffnete ihr große Pläne für die Zukunft ihres Sohnes.
Als der Engel des Herrn sie etwas orientierungslos in der Wüste fand, fragte er: „Hagar, du Sklavin von Sara, wo kommst du her und wo gehst du hin?" Diese Fragen sind nicht nur rhetorisch gestellt, sondern sehr bedeutungsvoll. Sie decken ihr ganzes Leben ab. „Woher kommst du?" Diese

Frage spiegelt ihre ganze Vergangenheit wider. Sie schließt Zusatzfragen ein, wie: „Was für ein Leben hast du gelebt im Haus von Sara und Abraham? Was hast du daraus gemacht? Wie denkst du über deine Vergangenheit? Was hast du für dich selbst getan? Was haben sie für dich getan?
Die Frage: „Wohin gehst du?" ist zukunftsorientiert.
„Was hast du für Pläne? Was sind deine Hoffnungen? Deine Träume? Woran glaubst du?"
In mutiger, ehrlicher Weise beantwortet Hagar die erste Frage – „Ich fliehe vor meiner Herrin Sara!" Damit drückt sie aus, wie sehr sie ihr vergangenes Leben in der Sklaverei zurückweist, vor allem die schlechte Behandlung durch ihre Herrin.
Bei der zweiten Frage ist Hagar schweigsam. Sie weiß nicht, was sie sagen oder tun soll. Bisher hatte sie keine Zeit, Pläne zu machen und ist deshalb orientierungslos. Sie floh einfach aus der Unterdrückung.
Die Handlung in Kapitel 16, Vers 9 überrascht uns. Bibelforscher (von Rad, Skinner und andere) meinen, dies sei später eingefügt worden. Trotzdem können wir die Stelle nicht weglassen. Wir lesen den Text in seiner endgültigen Form und müssen ihn dann der kirchlichen Vorschrift gemäß neu interpretieren.
Der Engel des Herrn rät Hagar zu ihrer Herrin zurückzukehren und Sara wieder zu dienen, von der sie sich befreit hatte. Ein schöner Ratschlag Gottes, mag sie denken, der sich auf die Seite der Unterdrücker stellte, und so denken wir wohl auch. Aber dies ist eine falsche Interpretation des Textes. Gottes Pläne für Hagar bedeuten nicht, daß sie zurück in die Unterwerfung soll. Manche Gelehrten meinen, sie solle zurückkehren, weil Jahwe das Brechen der Gesetze nicht tolerieren würde. Aber Gott will, daß sie und ihr Kind gerettet werden, und das ist zu dem Zeitpunkt nur im Hause Abrahams möglich und nicht in der Wüste. Ismael war noch nicht geboren. Die ersten drei Lebensjahre sind entscheidend. Deshalb muß Hagar einfach noch ein bißchen länger warten, denn Ismael muß im Hause Abrahams geboren werden, damit klar ist, daß er der Erstgeborene ist (5. Mose 21, 15–17). Durch die Riten der Beschneidung (Kap. 17) wird

er in den Haushalt aufgenommen und dies garantiert ihm die Teilhabe an der Geschichte der Erlösung sowie das Recht auf Erbschaft im Hause Abrahams.
Es war sicherlich schwierig für Hagar, diesen Vorschlag Gottes zu akzeptieren. Er hatte ja noch hinzugefügt: „Deine Nachkommen sollen so viele sein, daß man sie nicht zählen kann." (1. Mose 16, 10)
Damit die Verwirklichung dieses Versprechens möglich wurde, mußte sie für das Leben ihres Sohnes Gewähr leisten. Gott verbürgte sich für all dies, indem er schon vor der Zeit den Namen des Kindes ankündigte, was er sein würde und welche Aufgabe in der Geschichte ihm zugedacht sei.
All dies bestätigt die Tatsache, daß Gott ihr Leid gesehen hatte. Die Worte in Vers 11, „denn der Herr hat auf dich gehört in deinem Leid", erinnern uns an die Worte Gottes, als es um das Leben der Hebräer in Ägypten ging: „Ich habe das Elend meines Volkes in Ägypten gesehen, ihre laute Klage über ihre Antreiber habe ich gehört. Ich kenne ihr Leid."
Befremdlicherweise sind in unserer Geschichte die Subjekte ausgetauscht. Hier geht es den Hebräern gut, und sie sind es, die eine ägyptische Sklavin schlecht behandeln.
Die Art und Weise, wie Gott Hagar anspricht, ist bezeichnend, denn er wählt die klassische Form der „Verkündigung". Wir kennen die Bestandteile dieser Ankündigung: „Siehe, du bist schwanger", danach die Geburt: „und du wirst einen Sohn gebären", sowie die Namensgebung: „den du Ismael nennen wirst." Dann die Bedeutung des Namens: „denn der Herr hat auf dich gehört in deinem Leid," sowie den Hinweis auf die Zukunft des Sohnes: „er wird ein Mensch sein wie ein Wildesel, seine Hand gegen alle, und die Hände aller gegen ihn. Allen seinen Brüdern wird er vorangehen."
Erinnert uns das nicht an die Verkündigung? Auch Maria nannte sich selbst Sklavin, eine einfache Magd des Herrn.

Hagar's zweite Begegnung mit Gott kommt in Kapitel 21 vor, in dem Ismael erscheint. Diese Szene ist trauriger. Es gibt kein Wasser, ihr Sohn ist am Rande des Verdurstens.

In Kapitel 16 beginnt Gott das Gespräch; aber hier ist es Hagar, die die Initiative ergreift und laut schreit, weil sie es nicht ertragen kann, ihren Sohn sterben zu sehen. Sie hat ihn außer Sichtweite unter einen Busch gelegt (Vers 15).
Sie schreit verzweifelt, ohne die geringste Hoffnung. Und Gott spricht zu ihr aus den Himmeln (elohistischer Ausdruck) und fragt sie: „Was ist los, Hagar?" Er fragt sie weder über Vergangenheit noch Zukunft. Nur die Gegenwart ist wichtig, und ihr Jetzt-Zustand ist Todeskampf, Angst und Verzweiflung.
In Kapitel 16, wo Hagar aus eigener Entscheidung geflohen war, fand sie eine Wasserquelle und dazu die göttliche Erscheinung in Gestalt eines Engels.
Aber jetzt ist sie in der Wüste, allein mit ihrem sterbenden Kind, ohne die Möglichkeit, zurückzukehren, denn sie war ja hinausgeschmissen worden. Hier ist auch keine Quelle, von der sie trinken könnten. Deshalb schreit sie in diesem Augenblick, dieser Stunde, aus Verzweiflung. Sie denkt nicht an Vergangenes oder die Zukunft, nur der jetzige verzweifelte Mangel ist wichtig, und ob ihr Sohn am Leben bleiben kann. Was bekümmert dich, Hagar?
Hagar antwortet nicht, vielleicht, weil Gott ihr keine Gelegenheit dazu gab, vielleicht auch weil die Situation alles aussagte und die Stille noch lauter sprach.
Gott in seiner Solidarität tröstet sie: „Fürchte dich nicht, denn Gott hat den Knaben dort schreien gehört, wo er liegt. Steh auf, nimm den Knaben, halt ihn fest an der Hand, denn ich will ihn zu einem großen Volk machen" (Vers 18).
Bevor er ihr Wasser gibt, spricht er ihr Mut, Leben und Hoffnung zu. Gott hat die Stimme Ismaels gehört. Er wird Ismael genannt, weil Gott der ist und immer sein wird, der die Schreie der Kinder von Sklaven hört. Ismael bedeutet auf hebräisch „Gott hört", und Gott wird immer auf Kinder wie Ismael hören, die Opfer von Ungerechtigkeit sind.
Hagar muß trotz allem aufhören zu weinen. Sie soll aufstehen, das Kind nehmen und ihm beibringen, wie man in der Wüste überleben kann. Sie soll ihr Kind fest an die Hand nehmen, mit Kraft und mit Mut. In östlichen Traditionen war

dies die Rolle des Vaters. In unserer Geschichte ist es Hagar, die Mutter, die mit strenger Hand alleine kämpfen muß, um nach oben zu kommen und ihrem Sohn eine Zukunft zu sichern. Hagar schaut nach einer Frau für ihren Sohn (Vers 21). Viele arme lateinamerikanische Frauen, die, von ihren Männern verlassen, ihre Familien doppelt hegen und beschützen, finden sich heute in vergleichbarer Lage.
Gott schafft es, Hagar wieder Hoffnung einzuflößen. Sie lebt wieder auf. Gott öffnet ihr die Augen, damit sie einen Brunnen sehen kann (Vers 19). Sie füllt ihren Schlauch mit Wasser und gibt ihrem Sohn zu trinken.
Gemäß der Verheißung wird Ismael wachsen und ein Mensch wie ein Wildesel sein. Damit ist ein freier Mensch gemeint, denn Ismael wird sich nicht beherrschen lassen, noch wird er sich unterwerfen, denn so hat ihn seine Mutter erzogen. Er wird kein Sklave sein wie Hagar. Frei wird er sein in der Wüste und ein großer Bogenschütze werden (1. Mose 21, 20). Für die Menschen der antiken, östlichen Welt waren dies wichtige Fähigkeiten. Es wird ein harter Kampf für ihn werden, im Land zwischen Ägypten und Israel zu überleben. Die Leute werden über ihn lachen, aber er wird sein Lebensrecht nicht aufgeben. Seine Hand gegen alle, die Hände aller gegen ihn, aber es wird ihm gelingen, sein Zelt seinen Brüdern vors Gesicht zu stellen. Niemand wird ihn übersehen können, und alle werden um die große Ungerechtigkeit wissen, die ihm und seiner Mutter widerfuhr, indem man sie aus der Geschichte ausradieren wollte. Am Ende werden Hagar und ihr Sohn die ägyptischen Unterdrücker und die hebräische Diskriminierung hinter sich lassen. Sie werden eins sein mit Jahwe, dem Herrn. Durch die Riten der Beschneidung (Kap. 17), und wegen seines Namens, Ismael – Gott hört – werden sie den Glauben weitergeben, daß Gott immer bereit ist, denen zu helfen, die ein neues Leben suchen.
Die Armen komplizieren die Heilsgeschichte. Was aber Gott in ihrem Namen tut, lehrt uns, diese so bekannte Geschichte mit den Augen der Betroffenen neu zu lesen und zu verstehen.

Das Glaubensbekenntnis einer Frau

Lee Oo Chung

Warum laßt ihr sie nicht in Ruhe? Sie hat etwas Wunderbares an mir getan . . . Sie hat im voraus meinen Leib für das Begräbnis gesalbt. Amen, ich sage euch: überall auf der Welt, wo das Evangelium verkündet wird, wird man sich an sie erinnern und erzählen, was sie getan hat.

Markus 14, 6–9

Die Geschichte der Frau, die Jesus salbte – die in verschiedener Form in allen vier Evangelien vorkommt, – wird nicht immer getreu erzählt. Vielleicht deshalb nicht, weil wir nicht richtig verstehen, was es für Jesus bedeutet hat, daß sie seinen Leib auf das Begräbnis vorbereitete. Beim Lesen stellt sich die Frage, warum es Frauen offensichtlich leichter fiel, intuitiv zu verstehen, was Jesus über sein Leiden und seinen Weg sagte, während seine Jünger ihn weiterhin mißverstanden.

Markus erzählt an drei Stellen, wie Jesus seinen Jüngern klar zu machen versuchte, daß er bald sterben würde. In Markus 8, 31 lesen wir, daß Jesus, nachdem er seine Jünger belehrt hatte, daß der Menschensohn vieles erleiden müsse . . . und getötet werde . . ., von Petrus beiseite genommen wurde und dieser ihm Vorwürfe machte. Aber Jesus drehte sich um, sah seine Jünger an und wies Petrus mit den Worten zurecht: „Weg mit dir, Satan!"

Im nächsten Kapitel heißt es dann wieder: „Der Menschensohn wird den Menschen ausgeliefert, und sie werden ihn töten" (Markus 9, 32). Wie reagierten die Jünger darauf? „Sie verstanden den Sinn seiner Worte nicht, scheuten sich jedoch, ihn zu fragen." Wir können uns vorstellen, daß man

Jesus die Belastung angesehen hat, und deshalb die Jünger nicht zu fragen wagten, was er damit meinte.
Die dritte Stelle finden wir bei Markus 10, 32–33: „Da versammelte Jesus die Zwölf wieder um sich und kündigte ihnen an, was ihm bevorstand. Er sagte: ‚Wir gehen jetzt nach Jerusalem hinauf. Dort wird der Menschensohn den Hohepriestern und Schriftgelehrten ausgeliefert; sie werden ihn zum Tod verurteilen' . . ." Und wieder sind die Jünger in Angst und Schrecken.
Was nimmt sie so gefangen? Die Söhne des Zebedäus kommen zu Jesus und bitten: „Wenn du in dein Reich kommst, möchten wir neben dir sitzen, einer zur Rechten und einer zur Linken" (Markus 10, 37). Schon unterwegs hatten sie sich gestritten, wer der Größte sei. Alles drehte sich um ihre eigene Stellung, Macht und Herrlichkeit – das genaue Gegenteil dessen, was Jesus ihnen versuchte nahezubringen. Selbst in Gethsemane, Stunden vor seiner Verhaftung und Kreuzigung bittet Jesus seine Jünger: „Der Schmerz in meinem Herzen ist so groß, daß er mich fast erdrückt. Bleibt bei mir und wacht mit mir!" Aber die Jünger schlafen ein.
Warum hat Jesus so bewußt gelitten? Schließlich war er doch der Menschensohn! In Geschichten von Heiligen und Helden, ganz normalen Menschen, wird erzählt, wie sie ruhig und gelassen starben. Ich glaube, der Unterschied liegt darin, daß jene Heiligen und Helden nur ihr eigenes Leiden trugen, während Jesus die Schmerzen und Leiden aller seiner Nachbarn, ja der ganzen Menschheit auf sich nahm.

In Korea mußten viele Frauen zusehen, wie ihre Töchter, Söhne oder Männer von der Geheimpolizei verhaftet und gefoltert wurden. Wenn eine Mutter oder Tochter hört, wie ihnen im Gefängnis Arme oder Beine gebrochen wurden, dann bricht ihr schier das Herz. Wenn sie daran denkt, daß ein geliebter Mensch den Winter in einer Zelle verbringen muß, die so kalt ist, daß viele Frostbeulen bekommen, kann sie nur schwer in ihrem eigenen warmen Zimmer schlafen. Wenn sie weiß, daß ihre Geliebten am Verhungern sind, fast an der Schwelle des Todes, muß sie sich fast bei gutem Essen

übergeben. Wenn es schon so schmerzlich ist, das Leiden eines Menschen zu teilen, um wieviel schwieriger ist es dann, vom Leiden der ganzen Menschheit betroffen zu sein.
Trotz der Leiden nahm Jesus diese Leiden der ganzen Menschheit auf sich. Aber seine Jünger verstanden ihn nicht, noch konnten sie zuhören, wenn er ihnen etwas erzählte. Gierig nach Ruhm und Ehre und Macht konnten sie den Schmerz der leidenden Armen nicht nachvollziehen, noch die Gewalt und Bosheit der Unterdrücker sehen.

Im Nationalmuseum in Kyungju, Korea, der Hauptstadt des alten Silla-Königreiches, hängt eine wunderschöne Glocke. Im Silla-Königreich herrschte in jener Zeit Frieden, aber der König, ein ergebener Buddhist, wollte sein Volk vor einer ausländischen Invasion bewahren. Seine Berater schlugen vor, eine große Tempelglocke zu bauen, um die Verehrung Buddhas durch das Volk zu bezeugen. Ein Spezialist in der Kunst des Glockengießens wurde beauftragt. Aber trotz seines Könnens und großer Sorgfalt mißlang es ihm mehrmals, eine Glocke mit einem besonders schönen Klang zu gießen.
Schließlich ging er zurück zum Rat der religiösen Führer. Nach langer Diskussion beschlossen sie, ein unschuldiges, junges Mädchen zu opfern, um dadurch der Glocke einen schönen Klang zu geben.
Soldaten wurden ausgeschickt um ein junges Mädchen zu finden und zu bringen. Sie begegneten einer armen Mutter in einem Dorf und nahmen ihr die kleine Tochter weg, während diese mitleidend schrie: „Emille, Emille!“ – „Mutter, oh Mutter!“Als das geschmolzene Zinn und Eisen vorbereitet waren, wurde das kleine Mädchen hineingeworfen. Letztendlich hatte der Glockengießer Erfolg. Die Glocke, die den Namen Emille-Glocke bekam, hatte einen schöneren Klang als jede andere Glocke. Als sie läutete, priesen die meisten Menschen die Kunst, die einen so herrlichen Klang hervorgebracht hatte. Aber wann immer die Mutter, deren Kind geopfert worden war, die Glocke hörte, brach ihr Herz von neuem. Ihre Nachbarn, die ihren Schmerz und ihr Opfer

kannten, konnten den schönen Klang auch nicht ohne Schmerzen vernehmen.
Nur wer das Opfer versteht, kann den Schmerz spüren. Die anderen freuen sich einfach an dem Klang.

Die Rettung der Menschheit kam nicht durch die Bequemen und Unbeteiligten, sondern nur durch den Einen, der die Schmerzen der Menschheit teilte. Die Frau im Evangelium war wie viele Frauen ihrer Zeit diskriminiert und unterdrückt, vor allem durch die religiösen und kulturellen Führer ihrer Gesellschaft. Jesus verstand und fühlte ihr Leiden. Darum müssen die Frauen Jesus sehr geliebt haben für die Art, wie er Kontakt aufnahm, sie als gleichwertig behandelte und mit ihnen teilte.
Deshalb verstand die Frau in unserer Geschichte auch die Not Jesu, der bereit war, alle Bedrängnisse der leidenden Menschen auf sich zu nehmen. Jesus und die Frauen wußten, daß nur dort, wo Unterdrückung, Diskriminierung, Schmerz und Angst geteilt wurden, auch Rettung und Auferstehung sein konnten. Deshalb schüttete die Frau das kostbare Parfüm auf den Kopf Jesu. Frauen sind vielleicht eher mit der Fähigkeit gesegnet, die Realität des Leidens zu begreifen, weil sie schon die Schmerzen der Geschichte durchlitten und geteilt haben.
In der biblischen Tradition ist ein Mensch, auf dessen Kopf man Öl ausgießt, zum König oder Messias bestimmt. Deshalb ist die Handlung der Frau ein Glaubensbekenntnis: „Du bist der Messias, der Sohn des lebendigen Gottes." Die Jünger waren immer noch gefangen in der traditionellen Vorstellung, daß ein Messias von Macht, Herrlichkeit und Sieg umgeben sein müsse. Von diesem Bild konnten sie sich nicht befreien, um darauf zu hören, was Jesus sie lehren wollte über den Messias.
Aber diese namenlose Frau verstand genau, was diese „Königsherrschaft" bedeuten sollte. Das gefiel Jesus so sehr, daß er sie lobte und sagte: „Wo immer das Evangelium gepredigt wird auf der ganzen Welt, soll erzählt werden, was sie mir getan hat, zu ihrem Gedächtnis."

Frauen und die Theologie der Befreiung

Julia Esquivel

Es gibt zwei biblische Beispiele, die verdeutlichen, in welcher Weise Frauen in Mittelamerika an der großen Aufgabe mitarbeiten, Frieden durch Gerechtigkeit zu verwirklichen.
Eines dieser Beispiele handelt von der Prophetin Deborah. Sie hatte die Stellung einer Regentin und Richterin inne zu einer Zeit, da das Volk Israel seinen Weg verloren hatte, falschen Lichtern gefolgt und dem Götzendienst verfallen war. Die Führer Israels fielen ab vom wahren Gott und folgten den falschen Verlockungen einer hinterlistigen und unechten Welt.
Zwanzig Jahre lang war das Leben für das Volk Israel unerträglich, bis es schließlich Gott anflehte, ihm zu helfen. Die damalige Führerin, die Frau, die Israel dazu brachte zu Gott zurückzukehren, war Deborah, eine Prophetin und Frau des Lappidot. Sie hatte ihren Sitz unter der Deborah-Palme zwischen Rama und Bet-El im Gebirge Efraim. Die Israeliten kamen zu ihr hinauf, um sich Recht sprechen zu lassen.
Eines Tages traf sie Barak, den Sohn Abinoam's aus Kedesch-Naftali und sagte zu ihm:

Der Herr, der Gott Israels befiehlt: Geh hin, zieh auf den Berg Tabor, und nimm zehntausend Naftaliter und Sebuloniter mit dir! Ich aber werde Sisera, den Heerführer Jabins, mit seinen Wagen und seiner Streitmacht zu dir an den Bach Kischon lenken und ihn in deine Hand geben. Barak sagte zu ihr: Wenn du mit mir gehst werde ich gehen; wenn du aber nicht mit mir gehst, werde ich nicht gehen. Sie sagte: Ja, ich gehe mit dir; aber der Ruhm bei dem Unternehmen, zu dem du ausziehst, wird dann nicht dir zuteil, denn der Herr wird Sisera der Hand einer Frau ausliefern. Und Deborah machte sich auf und ging zusammen mit Barak nach Kedesch.

RICHTER 4, 6–9

Die Geschichte geht weiter und erzählt, wie Gott dem Volk Israel Kraft gab und ihm zum Sieg gegen seine Unterdrücker verhalf. Von Sisera wird berichtet, daß er floh und sich im Hause einer Frau namens Jael versteckte. Jael nahm ihn auf, gab ihm zu trinken, und nachdem er vor Erschöpfung eingeschlafen war, tötete sie ihn. Als Barak kam, um Sisera zu suchen, kam Jael heraus und sagte zu ihm: „Komm herein, ich werde dir den Mann zeigen, den du suchst."
Die Bibel erzählt uns, wie Gott an diesem Tag den König Jabin von Kanaan vor den Israeliten demütigte.
Nach dem Befreiungskrieg singt das Volk mit seinen Führern. Sie loben Gott und preisen ihn:

Hört, ihr Könige, horcht auf, ihr Fürsten! Ich will zu Ehren des Herrn singen und dem Gott Israels spielen! Herr, als du auszogst aus Seir, als du vom Grünland Edoms heranschrittest, da bebte die Erde, die Himmel ergossen sich, ja, aus den Wolken ergoß sich das Wasser. Die Berge wankten vor dem Blick des Herrn (das ist der Sinai), vor dem Blick des Herrn, des Gottes Israels. In den Tagen des Sohnes Schamgars, des Sohnes des Anat, in den Tagen Jaels lagen die Wege verlassen da; wer unterwegs war, mußte Umwege machen. Bewohner des offenen Landes gab es nicht mehr, bis du dich erhobst, Deborah, Mutter in Israel. Man hatte sich neue Götter erwählt. Es gab kein Brot an den Toren. Schild und Speer waren nicht mehr zu sehen bei den vierzigtausend in Israel. Mein Herz gehört Israels Führern.

Richter 5, 3–9, Jerusalem Bibel

Es lohnt sich, einige Aspekte herauszuheben:

1. Gott hat schon in der Frühzeit der Geschichte, während der Periode der Richter, eine Frau dazu ausersehen, ein Volk zu führen und über es zu richten. Sie ist die Übersetzerin der Botschaft Gottes an den starken Mann, der mit seinen Kriegern das Recht auf Leben und den Kampf für Befreiung militärisch verteidigt.

2. Zweitens wird hier deutlich, wie Gott die geistigen und sozialen Zwänge, unter denen Frauen leiden, durchbricht. Er

wirft die gesamte Ideologie der Unterwerfung der Frau unter den Mann über den Haufen. Die Tradition von der Stärke des Männlichen ist durchbrochen. Der Oberst der israelitischen Armee bittet eine Frau, mit ihm in die Schlacht zu ziehen. Und die Frau, die den starken Mann des Feindes umbringt, ist eine weibliche Kämpferin – Jael. Sie bricht einen Pakt um das Leben ihres Volkes, seine Geschichte und seine Zukunft zu verteidigen.

3. Die Geschichte durchbricht die Tradition der Unterwerfung und fordert uns auf, unsere Körper vor die Maschinengewehre zu werfen. Sie zeigt, daß wir immer nur reden und reden, anstatt unsere Befreiung ganz konkret in unsere eigenen Hände zu nehmen, während Tausende von Menschen umgebracht werden. Sie entlarvt das falsche Verständnis von Pazifismus, das dem Antlitz Gottes eine Maske aufsetzt, und ihn so angesichts von Ungerechtigkeit und Unterdrückung zu wirkungsloser Neutralität reduziert.

Eine andere Geschichte in einem sehr bekannten Text verdeutlicht die politische Verpflichtung von Frauen für die Befreiung in Mittelamerika.

Magnifikat

Und Maria sprach: Meine Seele erhebt den Herrn, und mein Geist freut sich Gottes, meines Heilands; denn er hat die Niedrigkeit seiner Magd angesehen. Siehe, von nun an werden mich selig preisen alle Kindeskinder; denn er hat große Dinge an mir getan, der da mächtig ist und des Name heilig ist.

Und seine Barmherzigkeit währet immer für und für bei denen, die ihn fürchten.

Er übet Gewalt mit seinem Arm und zerstreuet, die hoffärtig sind in ihres Herzens Sinn.

Er stößt die Gewaltigen vom Stuhl und erhebt die Niedrigen. Die Hungrigen füllt er mit Gütern und läßt die Reichen leer. Er denket der Barmherzigkeit und hilft seinem Diener Israel auf, wie er geredet hat unsern Vätern, Abraham und seinen Nachkommen ewiglich.

Lukas, 1, 46–55, Luther-Text

Vor diesem Lobgesang steht eine Aussage von Elisabeth:

Selig bist Du, weil Du geglaubt hast, daß sich erfüllt, was der Herr Dir sagen ließ.

Diese Worte haben etwas mit der Kraft des Glaubens zu tun, der das Unmögliche möglich macht. Um zu kämpfen, um sich dem unterdrückerischen Feind entgegenzustellen, sind Mut, Kraft und Hingabe notwendig, ohne die der Galube nicht konkret werden kann.
Dieses Lied der Maria ist geprägt von den Erfahrungen einer anderen Frau, Hannah, der Mutter des Propheten Samuel, die ihre Söhne gab, um die Geschichte ihres Volkes darauf zu bauen.

Eine Bäuerin in Guatemala, die dieses bezeichnende Bild der glaubenden Maria vor sich hat, bringt es dann eher fertig, auf ein ruhiges Leben zu verzichten, um ihr Leben mit der historischen Bestimmung ihres Volkes zu koppeln.
Die Arbeiterin und die Berufstätige haben auf ihre normale Zukunft verzichtet – die sofortige Erfüllung eines ruhigen Familienlebens –, um sich dem Kampf für Frieden und Gerechtigkeit anzuschließen.
Das Gefühl der Hingabe, der totalen Verfügbarkeit, der Hoffnung wider alle Hoffnung, der Glaube, der das Unmögliche möglich macht, der sich dem Einzigen unterwirft das gilt – dem eigenen Leben –, um für die Zukunft des eigenen Volkes zusammenzuarbeiten, macht Befreiung möglich.

So wird das Magnifikat heute gesungen:

1. Auf, singt das Lied, das Umsturz preist,
das Gott allein den Höchsten nennt.
Singt wie Maria sang von dem,
der falscher Macht den Kampf ansagt.

2. Auf, singt von dem, der tief besorgt
die Last der Unterdrückten trägt,
der aus der Bahn die Stolzen wirft
und Größenwahn vom Platz verweist.

3. Er setzt die Armen obenan
und er versorgt mit Brot und Trank
die hungrig sind und ohne Lohn.
Besitzer läßt er leer ausgehn.

4. Zum Umsturz ruft er und zum Kampf
ihm nach für Menschentum und Recht.
Wo Volk sich drängt und Elend herrscht,
zeigt, was es heißt: Nur Gott ist groß!

Lied von Fred Kaan
Übersetzung Dieter Trautwein

Die natürliche Ordnung auf den Kopf stellen

Marie Assaad

Jedesmal, wenn ich Lukas 1, 26–45 überdenke, wird mir deutlich, wie sehr diese Geschichte alles auf den Kopf stellt, was wir als die natürliche Ordnung dieser Welt betrachten, und wie Gott uns auch heute noch bittet, diese Ordnung umzustoßen.
Von Maria wird uns erzählt, einer jungen und unbekannten Frau, in der jüdisch-patriarchalen Gesellschaft zu den Ärmsten der Armen gehörend.
Warum wurde sie wohl so sehr bevorzugt? Warum hat der Engel Gabriel sie in solcher Weise gegrüßt? War das nicht eine Umkehrung dessen, was in der Gesellschaft üblich war?
Gabriel versicherte ihr, daß Gott mit ihr sei.
Wie oft wird auch uns erzählt, daß Gott bei uns sei, wenn wir mit und für ihn arbeiten. Ist Gott wirklich mit uns? Schwanken wir nicht oft in unserem Glauben? Maria war auch sichtlich verwirrt durch diesen Gruß. Warum ist gerade sie erwählt? „Ich bin eine einfache und schwache Frau. Ich wurde nie beachtet. Warum bekomme ich plötzlich soviel Aufmerksamkeit? Und von wem – von Jahwe, dem Allmächtigen, Allgegenwärtigen, Allerbarmenden."
Aber es wird ihr gesagt: „Obwohl du schwach bist und kaum je Beachtung fandest; obwohl du es gewohnt bist, in der Stille zu schuften, und niemand darauf achtet, was du sagst oder tust; obwohl du spürst, daß du bisher nur Anordnungen befolgt und anderen zugehört hast; obwohl du nicht zu den Mächtigen und Prominenten gehörst, hat Gott Gefallen an dir gefunden. Deshalb fürchte dich nicht. Hör gut zu und glaube. Gott wird dir einen Sohn geben."
„Aber wie? Ich bin nicht verheiratet. Ich bin eine Jungfrau!"

Hier wird die zweite Umkehrung der natürlichen, menschlichen Ordnung deutlich.
Bei Gott sind alle Dinge möglich. „Der Heilige Geist wird über dich kommen“, antwortete der Engel, „und die Macht des Höchsten wird dich mit seinem Schatten bedecken.“
Welch eine Aufgabe und Verantwortung! Welche überwältigende Nachricht! Sie wird schwanger werden und ein Kind haben. Wie wird Joseph darauf reagieren? Wird er mißtrauisch sein oder sie zurückweisen?
Wird die Welt sie verdammen? Wie kann sie sich der feindlichen Welt stellen? Würde sie nicht zu schwach sein, all dies alleine auf sich zu nehmen? Würden die Leute nicht über sie klatschen? Würde sie nicht von allen gemieden werden, vor allem von den Frauen in der Nachbarschaft?
Da sie es bisher gewohnt war, zuzuhören und zu gehorchen, hat Maria auch nichts eingewandt oder bestritten.
Sie sagte einfach: „Laß, was du gesagt hast, an mir geschehen.“ Maria muß schlaflose Nächte gehabt haben, in denen sie über diesen Besuch und seine Bedeutung gegrübelt hat. Sie muß sich öfters gefragt haben: „Warum ich? Wie soll ich damit fertig werden?“
Als der Tag anbrach, hat ihr wohl eine leise, sanfte Stimme gesagt: „Hab keine Angst, Maria. Befolge das Gesagte, und ich werde Schritt für Schritt mit dir gehen.“
Mit dieser tiefen Überzeugung, daß der Weg ihr wirklich gezeigt werden würde, entschloß sich Maria, ihr Haus zu verlassen und allein von Nazareth aufzubrechen in Richtung einer Stadt im gebirgigen Judäa, zum Haus des Zacharias (nicht Elisabeth's, bitte schön!).
Die Begrüßung von Elisabeth bestätigt Maria in ihrem Glauben. Mit dieser Geste der Solidarität von einer anderen Frau verschwinden Marias Schwäche und andauernde Zweifel. Sie leidet also nicht unter Wahnvorstellungen. Dies ist tatsächlich Gottes Werk an ihr. Sie ist nicht nur auserwählt für eine besonders schwierige Rolle, sondern sie wird bei jedem Schritt gestützt sein. Der Heilige Geist war bestimmt bei ihr, wie konnte sie daran zweifeln? Wie konnte es sein, daß ein Kind bei der Begrüßung im Bauch hüpfte? Ist so etwas

normal? Auch hier ist die natürliche Ordnung verkehrt. Aber, wie Gabriel sagt, ist bei Gott nichts unmöglich.

Elisabeth war eine bescheidene, ruhige Frau, die schmerzliche Jahre durchgemacht hatte, weil sie ihre größte Aufgabe als Frau und Ehefrau nicht erfüllen konnte. Es war ihr versagt, Mutter zu sein, was in der jüdischen Tradition einer bedeutungslosen Existenz gleichkam. Nun war sie alt geworden und ihr Leben war nichtig.
Aber Elisabeth, diese Frau, ist erfüllt vom Heiligen Geist und ruft laut: „Du bist mehr als alle anderen Frauen gesegnet, und gesegnet ist auch die Frucht deines Leibes. Wer bin ich, daß die Mutter meines Herrn zu mir kommt?"
Ja, wohl ihr, die glauben kann, daß die Zusage ihres Gottes in Erfüllung geht.
Welche Vergewisserung! Welches Geschenk!
Wie wichtig dies für Maria war!

Wie oft bräuchten auch wir diese Vergewisserung, wenn wir vor Herausforderungen stehen, in schwierigen Situationen entscheiden müssen oder schwere Verantwortung tragen! Ist das wohl gemeint, wenn wir Solidarität unter Frauen aufbauen wollen?
Maria fühlt sich durch diese Vergewisserung befreit. Sie ist befreit von ihren Ängsten und Befürchtungen, von ihren Minderwertigkeitskomplexen und Unzulänglichkeiten. Sie ist auch von ihrem eigenen Frauenbild befreit. Plötzlich begreift sie, wie wichtig die Botschaft des Engels ist. Ihr wird klar, was es tatsächlich bedeutet, vom Heiligen Geist „ermächtigt" zu werden, und wie solche Kraft alle Ordnungen umwerfen kann.
Danach ist Maria, wie Hannah vor ihr, glücklich vor Freude und Dankbarkeit, und singt einen Lobgesang auf Gott, ihren Retter.
Als einfache, junge Frau, die plötzlich sich selbst entdeckt, und was Gott mit ihr vorhat, singt Maria das größte, schönste Lied, das je gesungen wurde: das Magnifikat, dieses Lied, das voll ist von der Zusage, daß bei Gott nichts unmöglich ist.

Gott kann uns dazu gebrauchen, in unserer Welt von Unordnung, Hunger und Tod, Ungerechtigkeit, Militarismus und atomarer Zerstörung die Tagesordnung umzustoßen.
Gott kann uns zu Handlangern seines Friedens machen. Gott kann uns beauftragen, auf eine Welt hinzuarbeiten, wo der Löwe bei den Lämmern liegt, und die Reichen den Armen gegenüber verantwortlich sind.
Gott entscheidet sich in diesem Text nicht nur für die Armen, sondern auch für die Frauen, die oft die Ärmsten der Armen sind.

Lebendige Steine

Grace Eneme

Unter dem Bild von „lebendigen Steinen“ stellen sich verschiedene Menschen Unterschiedliches vor, je nach ihrem kulturellen Hintergrund. Ich werde versuchen, mich auf meine Kultur zu beschränken in der Hoffnung, daß meine Gedanken bei denen ankommen, die dasselbe kulturelle Erbe teilen, aber auch bei denen, die denselben Glauben an Jesus Christus haben.

Das Volk der Bakossi in der Waldregion der Südwest-Provinz Kameruns kennt zwei verschiedene Arten von Steinen, die lebendigen und die toten. Lebendige Steine lassen sich bewegen, tragen und benützen. Zu ihnen gehören die Tripod-Steine, die Steine zum Mahlen und zum Bauen und viele andere. Die toten Steine liegen im Flußbett, große Felsbrokken, die kaum je bewegt wurden, bis das Dynamit ins Land kam. Aber zurück zu den lebendigen Steinen.

Bei den Bakossi-Frauen spielen die „lebendigen“ Tripod-Steine zum Kochen eine große Rolle. Diese Steine bilden den Mittelpunkt im Leben der Familie und Gemeinschaft. Hier kommen alle zusammen zu Gesprächen und Diskussionen. Hier wird gelehrt und Geschichten erzählt. Hier ist ein Raum voller Wärme, wo auch Fremde Platz haben.

Wenn zwei junge Leute heiraten, ist das Setzen der Tripod-Steine eine wichtige Handlung, durch die die junge Frau in die Familie integriert wird. Der erste Stein wird von der Braut und ihrem Mann gemeinsam gesetzt, um die Einheit zu symbolisieren, mit der sie gemeinsam ihr Haus bauen. Den zweiten Stein setzt die Braut zusammen mit der ältesten Frau des Dorfes, wodurch sie anerkannt und in die Familie und Dorfgemeinschaft aufgenommen wird. Jetzt kann sie aktiv teilnehmen am Familiengeschehen; gegenseitige Achtung

und das Teilen mit anderen gehören dazu. Der dritte Stein wird von der Braut und ihrer Begleiterin gesetzt, Schwester oder Tante. Dadurch ist der Kontakt hergestellt zwischen den beiden Familien. Mit diesem Stein verspricht die Familie der Braut, ihr in guten und schlechten Zeiten solidarisch beizustehen.
Von diesem Augenblick an werden die Steine benützt und die Frau fühlt sich in die Familie aufgenommen.

Sind diese Tripod-Steine vergleichbar mit dem Bild der lebendigen Steine bei Petrus? Sicherlich nicht, und doch gibt es einige Ähnlichkeiten zwischen ihnen.
Das Bild der lebendigen Steine, von dem Petrus spricht, symbolisiert die Kirche als Gemeinschaft von Gläubigen, die Zeugnis ablegen und dienen. Die Gemeinschaft wird mit einem Gebäude verglichen, in dem Christus der Eckstein und Christen die Einzelsteine sind. So wie jeder Stein wichtig ist, um die Mauer zu errichten, so sind alle Christen in der Gemeinschaft wichtig, um die Kirche Christi zu bauen. Dazu sind alle eingeladen, Frauen und Männer, Junge und Alte.

Wie durch die Tripod-Steine die Braut in die Familie aufgenommen wird, so integriert Christus als der Eckstein jede Christin und jeden Christen in die Familie Gottes. Zu dieser Familie gehören alle Rassen und Farben und der Geist verbindet alle.
Deshalb sollten wir uns überall zuhause und als Familie Gottes fühlen, egal welcher Denomination wir angehören. Allzuoft vergessen wir, was es heißt, in der Gesellschaft als lebendige Steine zu dienen, vor allem dann, wenn jede Gruppe versucht, ihre eigene Identität und ihre Machtstrukturen zu rechtfertigen. Dieser Konkurrenzkampf verhindert, daß wir offen aufeinander zugehen und eine gute Gemeinschaft haben.
Noch schlimmer aber ist die Unterdrückung der Frauen in der Kirche. Manche Kirchen haben Richtlinien erlassen, die die Entwicklung von Frauen verhindern. Zwar sind sie froh, wenn die Frauen in der Kirche putzen und Kaffee kochen,

das soll auch ruhig so bleiben. Andere beurteilen den Wert von Frauengruppen nach wirtschaftlichen Gesichtspunkten, ob und wieviel sie zum Haushalt der Kirche und dem Unterhalt für die Pfarrer beitragen.
Sehr oft müssen Programme, die Frauen darin bestärken sollen, ihren Wert und Platz in Kirche und Gesellschaft zu entdecken, mit dem Widerstand von Kirchenführern rechnen.
Meistens wird die kleine Gruppe von Frauen, die solche Programme für wichtig hält, als „revolutionär“ abgestempelt und von den leitenden Gremien geächtet.
Noch schlimmer aber ist es, wenn einige Frauen sich mit den Pfarrern zusammen gegen die sogenannten „revolutionären“ Frauen verbünden. Ja, wir sind ein Volk, das im Dunkeln herumtappt. Wir brauchen Licht, aber ein Licht mit einer großen Heilkraft. Über Jahrzehnte hat man uns beigebracht, unterwürfige „kleine Engel“ zu sein, und diese „sozialen Tonbänder“ werden immer noch abgespielt.
In der Familie sind wir untergeordnet.
In der Kirche sind wir untergeordnet.
In den Büros sind wir untergeordnet, trotz aller Bemühungen des Staates um Gleichheit vor dem Gesetz. Kein Mann würde zugeben, daß eine Frau ihm ebenbürtig ist, trotz ihrer Qualifikation.
Christus allein hat uns zugesagt, daß wir nicht untergeordnet sind.

Christus war der einzige Rabbi seiner Zeit, der Frauen nicht diskriminierte. Da Christen die Rechte Israels übernommen haben, gelten für uns die Rechte, die er den jüdischen Frauen gab. So wie er Susanna, Johanna und andere ermutigte, ihm behilflich zu sein, so hat er uns alle Rechte und Privilegien gegeben, seine Mitarbeiterinnen zu sein. Da er der Lebendige Stein ist, werden wir durch unsere Beziehung zu ihm auch lebendige Steine. Während viele Christen wie tote Steine in ihrem alten Flußbett liegen, während sie um Reichtum und Macht kämpfen, sind wir gerufen, lebendige Steine und die Säulen dieser Kirche zu sein, die dabei ist, vom Bösen

überwältigt zu werden. Mir kommt Vater Balasuriya's These in den Sinn: „Macht + Habgier = Übel". Dieses Übel hat unsere Kirche ganz durchdrungen.
Wenn es noch eine Hoffnung für die Kirche gibt, dann kommt sie von den Frauen, die immer noch zurückgewiesen werden und dennoch die Ecksteine der Kirche bilden.
Alle Kirchenfrauen sollten sich zusammenschließen, um in Solidarität untereinander einen wirkungsvollen Dienst in der Welt zu leisten. Wir können unseren amerikanischen Schwestern gratulieren, weil sie es geschafft haben, eine Vereinigung von Kirchenfrauen zu gründen, die mit einer Stimme sprechen und durch gemeinsame Tat ein Zeugnis ablegen.
Wir brauchen Absprachen für unsere Aktionen und eine gemeinsame Aussage, um unsere Schwestern, die durch kirchliche Strukturen, politische Systeme oder Traditionen ausgebeutet werden, zu befreien.
Es tut weh, sich klarzumachen, daß Frauen in den meisten Kirchen die Mehrheit sind, in den Entscheidungsgremien allerdings nur eine dekorative Minderheit ausmachen. In meiner Kirche sind nach den Zahlen von 1981 17000 Frauen und 6000 Männer.
In der Afrikanischen Protestantischen Kirche sind 85% der Mitglieder Frauen, die sehr aktiv sind und zum Unterhalt der Kirchen und dem Bau von Kapellen eine Menge beitragen. Sie bezahlen die Ausbildung der Pfarrer. Aber in der Führung und bei den Entscheidungen über die Vergabe von Geldern dürfen sie nicht mitreden. Es kommt sogar vor, daß die Gelder, die sie zur Verfügung stellen, von den Ältesten und Pfarrern veruntreut werden.
In all dem wird deutlich, daß der Wiederaufbau der Kirche Christi in unseren Händen liegt. Wir haben Kräfte, die wir noch nicht kennen. Es gibt keinen einzigen Mann auf der Welt, der nicht durch die nährenden Hände einer Frau groß geworden wäre, von der Geburt bis zum Grab. Wir haben die Gabe der Intuition und die Möglichkeit, spontan zu handeln. Christus hat dies schon lange gewußt. Deshalb waren Frauen die ersten Evangelistinnen, die seine Auferstehung verkündeten. Seine Worte: „Geh hin und sag es weiter!" bedeuten,

daß wir der gebrochenen Kirche und der gebrochenen Gesellschaft weitersagen sollten, was Gott ist, was er für uns getan hat und was er für uns tun kann.
Um uns auf diese Aufgabe vorzubereiten, müssen wir zuerst Christus kennenlernen. „Schmecket und sehet wie freundlich der Herr ist, wohl denen, die auf ihn bauen." Christus kennenzulernen ist keine theoretische Angelegenheit. Wir müssen es erleben und dieses Erlebnis zur Grundlage unserer Existenz werden lassen. Erst dann werden wir um unseren Wert und unsere Verpflichtungen gegenüber Kirche und Gesellschaft wissen.
Wie eine Braut zwischen ihrer Familie und der Familie ihres Mannes eine Verbindung aufbaut, so verstehen sich Christen als Brücke zwischen der Welt und Gott.
Petrus erinnert uns an das Priestertum aller Gläubigen, was manchmal schwer nachzuvollziehen ist, denn in der Regel schauen wir doch hinauf zu unseren geistigen Führern. Zweifellos gefallen sich viele „Hirten" in der Rolle, alles für ihre Herde zu sein. Petrus meint aber etwas völlig anderes. Er sagt, wir sollen unsere Blickrichtung ändern. Statt auf den Pfarrer zu sehen, sollen wir uns selbst anschauen. Als „Priesterinnen" sind wir eine Brücke zwischen Gott und unserer Familie, zwischen Gott und unserer Gemeinschaft, zwischen Gott und unserem Arbeitsplatz, zwischen Gott und unserer Kirche.
Um es kurz zu machen, wir sind durch unsere Fürbitten und unseren Dienst ein Verbindungsglied zwischen Gott und den Menschen in ihren verschiedenen Lebensbedingungen. Wenn wir nur unsere täglichen Aufgaben mit all ihrer Plackerei im Opfern, Loben und Danken vor Gott bringen und uns ihm widmen, dann gibt er uns Kraft um weiterzugehen. Wir dürfen nicht stehen bleiben. Jede neue Erfahrung bringt uns näher zu Gott und zum Leben derer, denen wir dienen sollen.

Bausteine haben eine dauerhafte Qualität. Sie sind widerstandsfähig gegen intensive Hitze, Regen, Schnee, Frost und alle Klimaveränderungen.

Wie verstehen wir als Frauen, die sich in einer sich wandelnden Gesellschaft auf den Weg gemacht haben, den Dienst in der Kirche? Sind wir schon so weit, die Nachfolge Christi anzutreten? Sind wir bereit, Beleidigungen und Schande zu ertragen oder dumme Kommentare von Freunden oder Kirchenführern?
Können wir es aushalten, mißverstanden zu werden, selbst wenn wir uns auf dem rechten Weg fühlen? Sind wir bereit, in schlaflosen Nächten, manchmal unter Tränen, den Druck der Diskriminierung auszuhalten und die Sorge, die uns umtreibt?
Als lebendige Steine müssen wir dem allem widerstehen durch die Kraft des Heiligen Geistes.
Wenn wir auf Christus schauen, unsere Hoffnung, unseren Befreier, unseren Wegweiser, dann wissen wir, wo der Weg hinführt.

Schwestern, Gott hat uns Macht gegeben.
Aber nach der Ordnung der Welt steht sie uns nicht zu.
Deshalb müssen wir darum kämpfen und nach ihr greifen.
Seid bereit!
Christus, unser Befreier, zeigt uns den Weg.

Wasser in den Slums

Maria Teresa Porcile S.

Eine biblische Geschichte in Lateinamerika

Es war früh am Morgen und kalt – eine rauhe, trockene, durchdringende Kälte. Sobald es hell wurde, mußten einige der Kinder im Distrikt sich aufmachen, um zu einer nahegelegenen kleinen Schule zu kommen. Das Tageslicht brach sich auf einem schmutzigen Bett ohne Matratze und Bettwäsche. Nur ein paar lumpige Decken lagen herum, die ihnen irgendwann jemand gegeben hatte.
Nach einer unruhigen Nacht war es Zeit, zur Schule zu gehen, ohne sich zu waschen. Du konntest dich nicht waschen, weil es kein Wasser gab. Du mußtest sehr weit gehen, um einen Eimer Wasser zu finden, und so früh am Morgen war dafür keine Zeit. Du mußtest sofort losgehen, um nicht zu spät zur Schule zu kommen. Dann saßest du da, verschlafen, ohne dein Gesicht gewaschen zu haben. Würde der Lehrer wohl verstehen, daß du dich nicht auf deine Arbeit konzentrieren konntest?

Es war früh am Morgen und kalt – eine rauhe, trockene durchdringende Kälte.
Und Jesus sagte: „Gib mir zu trinken."

Es war Abend – der Tag war lang und hart. Der alte Mann hatte die ganze Zeit mühsam seinen Karren hinter sich hergezogen, in Mülleimern gewühlt, die Abfälle vom Markt durchstöbert . . . wie wenig kam da zusammen nach all den Stunden zu Fuß, verjagt von so vielen Plätzen, verachtet, und von niemandem ein freundliches Wort.
Am Abend, zurück im Slum, mit schmerzenden Gliedern, legte er sich auf sein schmutziges Bett, um vielleicht dort ein

bißchen Kameradschaft, einen Hauch von Wärme zu finden. Wie wohl hätte es getan, die müden Füße zu waschen, aber wo? ... Es gab kein Wasser im Slum ...

Es war Abend – der Tag war lang und hart.
Und Jesus sagte: „Gib mir zu trinken."

Es war Mittag – die Sonne hätte nicht heißer brennen können. Oh, jetzt einen kühlen Schluck Wasser ... aber es gab keinen. Deshalb packte in der Gruppe der Männer einer eine Flasche unverarbeiteten Rum aus, und die anderen bedienten sich, – erst einen Schluck, dann noch einen, und noch einen ... Plötzlich schien die Müdigkeit verschwunden zu sein, die Dinge kamen ihnen leichter vor, die Wirklichkeit nicht mehr so unausweichlich.
Bis plötzlich einer eine Beleidigung aussprach, die er eigentlich nicht so meinte, aber das Ergebnis war im Handumdrehen da: Flüche, Fäuste, Kämpfe, Messer, eine Wunde, ein Vergehen.

Es war Mittag und die Sonne brannte herab.
Und Jesus sagte: „Gib mir zu trinken."

Es war Mittag und die Sonne brannte herab. Es war sehr heiß. Müde von der Suche nach Arbeit, die sie einfach nicht fanden, hatten die Frauen aufgegeben, ihr Gebiet zu verlassen. So standen sie an den Türen ihrer Hütten, umgeben von Kindern, niedergedrückt von der stickigen Morgenhitze nach einer schlaflosen Nacht mit ihren derzeitigen betrunkenen, schlechtgelaunten, schmutzigen Kumpeln.
Und eine Frau wurde von ihrer Nachbarin belästigt – einer Hure und habgierigen Person, die ihr einst ihren Mann gestohlen hatte.

Es war Mittag und die Sonne brannte herab ...
Und Jesus sagte: „Gib mir zu trinken."

Eine Frau kam vorbei, sie kam von weit her. Sie war eine Fremde, die die Leute nicht kannten, und sie hatte einen Eimer dabei. Sie ging zum Brunnen, wo die Kinder saßen, und die Alten und die Frauen und Männer, die nach dem Wasser im Brunnen schauten – dem Wasser, so nah und doch so fern.

Und Jesus sagte: „Gib mir zu trinken!"
Da antwortete die Frau: „Warum bittest du mich um Wasser? Du bist arm und ich bin reich. Du bist durstig, aber der Eimer gehört mir."
Und Jesus sagte: „Frau, und was ist mit dem Brunnen? Wem gehört er?"
Da gingen der Frau die Augen auf, und sie fingen an, Wasser zu schöpfen für das ganze Gebiet.
Die Kinder konnten sich waschen bevor sie in die Schule gingen, die alten Männer konnten ihre Füße kühlen nach einem langen, ermüdenden Tag rund um die Müllhaufen, und die Frauen und Männer konnten sich erfrischen nach der Mittagshitze ... – wer weiß, mit einem Tropfen kühlen, klaren, sauberen Wassers mag das Leben ein bißchen leichter, ein bißchen erträglicher geworden sein.

Jesus hatte gesagt: „Gib mir zu trinken," und die Frau, die einen Eimer hatte und einen Brunnen kannte, fand plötzlich die Quelle. Sie eilte zurück in ihr eigenes Land zu ihren Freundinnen und Freunden und sagte ihnen: „Kommt schnell mit mir, um etwas Wunderbares zu sehen. Ich ging dorthin um Wasser zu holen, aber ich habe die Quelle gefunden, die anderes Wasser gibt, lebendiges Wasser."
„Sie soll sprudeln," haben sie erzählt, „wenn sich an der Quelle die, die nach dem Leben dürsten, mit den Armen treffen, die nicht einmal einen Eimer haben ..."
Und der Durst der einen und der Eimer der anderen machen aus dem Wasser etwas Neues und Einmaliges. Es wird zum lebenspendenden Mittel, das ein menschliches Herz und einen ganzen Distrikt verwandelt.

Wie in Lateinamerika eine Bibelarbeit gestaltet wird

Es gibt verschiedene Möglichkeiten, sich mit der Bibel zu beschäftigen. Bei der traditionellen Methode nimmt man

einen Text oder einen Abschnitt, setzt ihn in Beziehung zum Kontext (kulturell, literarisch usw.) und erarbeitet dann den tieferen Sinn des Textes, analysiert ihn, erklärt die Bedeutung verschiedener Ausdrücke, Worte, bestimmter Sätze, und überlegt am Schluß, wie dieser Text auf unser heutiges Leben angewandt werden und verändernd wirken kann.
Es gibt aber auch andere Arten von Studien, die vielleicht nicht so sehr „Studien“ sind, als vielmehr Deutungen des geoffenbarten Wortes.
Das geschieht, wenn wir Parallelen zu biblischen Geschichten in einem Geschehen oder Ereignis unseres alltäglichen Lebens wiederentdecken. Dies bedeutet nicht, daß jedes Detail eines heutigen Ereignisses Schritt für Schritt seine Entsprechung in der Bibel fände. Aber dennoch ruft das eine das andere hervor, wie wenn es um Hilfe riefe, die tiefere Bedeutung der Begebenheiten im jetzigen Leben wahrzunehmen.
Dies haben wir hier vorgestellt.

Was tatsächlich passiert ist, war folgendes:
In Montevideo, Uruguay, gibt es ein Projekt, Kontakte und Solidarität zwischen Reichen und Armen, zwischen einer Gemeinde der Mittelschicht und einer Slum-Gegend aufzubauen. Die Solidarität zwischen den beiden sehr verschiedenartigen sozialen Gruppen wurde auf vielfältige Weise demonstriert. Indem die Menschen sich gegenseitig besser kennenlernten, entwickelten sich auch die Kontakte und die Verständigung besser.
Als wir über das Thema der 6. Vollversammlung des Ökumenischen Rates 1983 in Vancouver nachdachten „Jesus Christus – das Leben der Welt“, konnten wir dieses Projekt als eine Lebensäußerung verstehen, die durch Wasser ihren Ausdruck fand.
Das war geschehen. In dem Slum-Bezirk war ein ganzes Gebiet ohne Wasser. Tatsächlich hat auch niemand sich wirklich darum bemüht, Wasser zu bekommen, vielleicht aus einer unbewußten Resignation heraus, denn die Armen, die dort leben, haben ohnehin keine Stimme.

Eines Tages fühlte sich eine Frau, die, obwohl von bürgerlicher Herkunft, in dem Solidaritätskomitee im Slum mitarbeitete, besonders beunruhigt und in gewisser Weise verantwortlich dafür, daß es in dem Slum kein Wasser gab. Sie war verheiratet mit einem Ingenieur, der für die Stadtwerke arbeitete, und fragte ihn, wie schwierig es wohl sein würde, eine Wasserleitung in das Slum-Gebiet zu legen. 14 Tage später hatte die Gegend ihr Wasser. Es war überhaupt nicht schwierig und kostete fast gar nichts, d. h. nichts bedeutete einen nicht zu hohen Betrag, den die Stadt für das Legen der Rohre berechnete. In der Gemeinde hatten sie gesammelt, damit die Rohre bezahlt werden konnten. Die Aktion barg diesen Willen und das Risiko in sich, für die Kosten aufkommen zu müssen. Hier wurde deutlich, was möglich ist, wenn Herz und Gewissen eines Menschen sich so berühren lassen, daß die Realität der Armut in einer bestimmten Situation wirklich wahrgenommen wird, und daraus ein neues Verantwortungsgefühl erwächst.

Wie kann es zu solchem Aufwachen kommen?
Zweifellos gibt es viele „Methoden"; in diesem Fall ist eine ununterbrochene Beschäftigung mit dem Evangelium vorausgegangen, eine lebendige Begegnung mit einer lebendigen Person. Gemeinschaft mit Jesus Christus, der das Leben der Welt ist, ist das Einzige, was uns die Bedeutung der Gleichnisse von Leben und Tod, die uns umgeben, offenbaren kann.
Es steht fest, daß die Wasserleitung das Leben der Gemeinschaft in dem Gebiet verwandelt hat. In einem Gemeindehaus in der Gegend wurden acht Duschen eingebaut, und das Wesen der Leute veränderte sich. Es drängt sich geradezu auf, in dieser Geschichte aus einem Slum-Gebiet einer modernen lateinamerikanischen Großstadt die tiefe Bedeutung von Wasser als einem Symbol des Lebens zu entdecken.
Diese Geschichte ruft die Begegnung Jesu mit der Frau aus Samaria am Brunnen ins Gedächtnis (Johannes 4, 5–42), ohne zu versuchen, sie in eine andere Kultur zu übersetzen.
Es mag sein, daß die Ähnlichkeiten zwischen der Frau in

unserer heutigen Geschichte und der Frau in Samaria nur geringfügig sind, andererseits sollten wir alle uns fragen, wer unsere Ehemänner sind, „unsere Herren", „unsere Besitzer", „unsere Idole", denn wir sind alle „Frauen von Samaria".

Wie dem auch sei, was wir hier vorschlagen ist ein „ins Gedächtnis-Zurückrufen", dabei dürfen wir so einfallsreich sein wie wir wollen. Wir sollten uns aber auf den einzigen zentralen Punkt konzentrieren – die Begegnung des durstigen Mannes mit der Frau, die die Möglichkeit hatte, Wasser zu schöpfen. Einfach nur dieses.

In Johannes 4 und in dem Slum war die Frucht dieselbe: Anderes, lebendiges Wasser, und die Menschen, alle, versammeln sich um die Quelle.

Leben mit den Armen

Priscilla Padolina

„Der Geist des Herrn ruht auf mir; denn der Herr hat mich gesalbt. Er hat mich gesandt, damit ich den Armen eine gute Nachricht bringe; damit ich den Gefangenen die Entlassung verkünde und den Blinden das Augenlicht; damit ich die Zerschlagenen in Freiheit setze und ein Gnadenjahr des Herrn ausrufe."

Lukas 4, 18–19 (Jerusalem Bibel)

Der Text aus Lukas 4, 18–19 ist die Grundlage für unsere Bibelarbeit. Die Worte, die ich herausheben möchte, sind:

Gute Nachrichten
entlassen
Augenlicht wiedererlangen
frei lassen
Arme
Gefangene
Blinde
Unterdrückte

Laßt uns den Kontext der Geschichte anschauen. Der Ort der Handlung ist Nazareth, der Platz, an dem Jesus aufwuchs. Es ist ein kleiner Ort, wo alle sich kennen. Jesus war der Sohn des Schreiners Joseph – für die Leute dort war das seine Identität. Als er in der Synagoge aufstand, gab man ihm eine Pergamentrollte des Buches Jesaja, in der er die Stelle fand, wo dieser Text geschrieben stand.
Der Text ist wichtig, weil er den Beginn von Jesu Dienst ankündigt. Das „Gesalbtsein" bezieht sich auf die Taufe Jesu, bei der er als geliebter Sohn bestätigt wurde. Er wurde gesegnet, um den Auftrag zu erfüllen, für den Gott ihn auf Erden vorgesehen hatte.

Es war klar, daß Jesus sich für die Armen entschied. Von den Ungerechtigkeiten jener Zeit her war ihm das Leiden der Armen zutiefst bewußt. Die Herrschenden hatten alle Macht; sie lebten von den Armen und beuteten sie aus. Es gab Sklaverei, Arbeitslosigkeit, hohe Steuern, Bestechung und Korruption. Die Reichen wurden immer reicher auf Kosten der Armen.
In diesem Kontext war es das Anliegen Jesu, den Armen das Evangelium zu verkündigen. Die zentrale Botschaft des Evangeliums ist die Befreiung der Menschen von Sklaverei, sei sie durch Dinge oder Menschen verursacht. Das Leben konnte nicht länger so weitergehen. Es wurde Zeit, daß die Armen, Gefangenen, Blinden und Unterdrückten Leben in seiner Fülle erfahren und sich am Leben in einer erneuerten und gerechten Gesellschaft freuen sollten.
Wer waren die Armen zur Zeit Jesu? Die Bettler, die Witwen und Waisen, die Ausgestoßenen. Sie waren die von der Gesellschaft Zurückgewiesenen, die Opfer der Unterdrükkung, die gefangen gehalten wurden. Jesus mischte sich damals unter diese Leute und wurde deshalb oft kritisiert und verachtet, weil er ihnen zu nahe stand. Aber er wollte ihnen Gottes Erbarmen und Mitleiden zeigen.

Was sagt uns dieser Text heute? Wer sind die Armen heute? Was fällt uns ein, wenn wir von „den Armen" sprechen? Stimmt es, daß Armut relativ ist? Was in der einen Situation arm erscheint, mag in einer anderen Lage das Gegenteil bedeuten. In den Entwicklungsländern ist es leicht, die Armen zu identifizieren. In den ländlichen Gebieten sind die Armen die, deren Grundbedürfnisse wie Wasser, entsprechende Nahrung, Wohnung, Erziehung und Gesundheitsdienste nicht abgedeckt sind. Die Armen sind die Unterernährten, die Analphabeten, die Frauen, die auf den Farmen die schwersten Arbeiten verrichten, und die Arbeitslosen. Die Slumbewohner, die unter entwürdigenden Bedingungen leben, oder die Fabrikarbeiter, die für einen Hungerlohn arbeiten. Dazu gehören auch die Minderheiten der Urbevölkerung, denen von den Mächtigen das Land weggenommen

wurde, und die Landbewohner, die auf der Suche nach einem besseren Leben in die Stadt flüchten und im Slum enden, oft unter noch schlechteren Arbeitsbedingungen als vorher.
Welche Formen der Unterdrückung gibt es heute? Die Lage ist gar nicht so anders als zu Jesu Zeiten. Die Arten von Ausbeutung und Unterdrückung sind vielleicht etwas weiterentwickelt worden. Die Strukturen der Unterdrückung sind besser organisiert, institutionalisiert und internationalisiert. Die Dominanz wirtschaftlicher Macht hat sich zunehmend verfestigt. Die Rohstoffe und die Wirtschaft der Welt werden von einem Gefüge sozialer, wirtschaftlicher, kultureller und politischer Mechanismen kontrolliert, die wiederum von wenigen mächtigen Sektoren der Gesellschaft zu deren eigenem Vorteil manipuliert werden. Dadurch ist die Kluft zwischen den Reichen und den Armen größer denn je geworden. Und Millionen leiden still vor sich hin.

Welche guten Nachrichten oder frohe Botschaft können wir weitergeben an:
– einen landlosen Pächter, der von seinem Grundbesitzer ausgebeutet wird?
– Minderheiten bestimmter Völker, die in die letzten Ecken des Landes vertrieben werden?
– einen Fabrikarbeiter, dessen Lohn nicht ausreicht, um genug Essen zu kaufen?
– eine Frau, die ihren Körper verkaufen muß, um überleben zu können?
– einen politischen Gefangenen, der der Folter ausgeliefert ist?
– Frauen, die gefangen sind, weil sie täglich viele Meilen gehen müssen, um Wasser zu holen?
– Kinder, die im Slum aufwachsen ohne Hoffnung auf die Zukunft?
– Massen von Menschen, die durch Unwissenheit im Dunkel gehalten werden?
– Schwarze, die unter Apartheid leiden?
– Unberührbare und Ausgestoßene?

Wenn wir zu den Schlüsselworten unseres Textes zurückgehen, so sind die Subjekte dort – die Armen, Gefangenen, Blinden und Unterdrückten – in einer vergleichbaren Leidenssituation.
Gute Nachricht, das heißt Befreiung, Gerechtigkeit, Stärkung, Heilung und Liebe. Dies kommt deutlich in den aktiven Verben zum Ausdruck: loslassen, das Licht wiederentdecken, befreien! Hier wird die Zerbrochenheit und Spaltung unserer heutigen Welt geheilt und überwunden.
Wie können wir das Evangelium, das Jesus gepredigt hat, in die Tat umsetzen? Wie können wir helfen, die Armen zu befreien? Wie können wir sie stärken? Welche Formen von Unterdrückung sollten wir bekämpfen? Oder haben wir auch, bewußt oder unbewußt, Anteil an der Unterdrückung der Armen?
Jesus hat sich für die Armen eingesetzt. Er kannte und verstand ihr Leiden, und hat es riskiert, zurückgewiesen zu werden, weil er sich mit ihnen identifizierte.
Am Kampf der Armen teilzuhaben fordert eine tiefe Verpflichtung für ihre Sache, sowie ein wirkliches Verständnis ihrer Zwangslage, ihrer Leiden und ihrer Sehnsüchte.

„Ja, wir kämpfen für Brot,
– aber auch für Rosen!"

Sie kämpfen für Brot um zu überleben, aber zum Leben gehört mehr als nur Brot. Was sie wollen, ist die volle Anerkennung ihrer Menschenwürde und Gotteskindschaft. Das sind die Rosen, die Liebe, Schönheit, Hoffnung und Lebenssinn geben.
An ihrem Kampf teilzuhaben, setzt ein Verständnis der Ursachen der Armut und Unterdrückung voraus, und die Bereitschaft, aus dem Kampf zu lernen. An ihrem Kampf teilzuhaben heißt, streikende Arbeiter zu unterstützen, wenn sie gegen ungerechte und unmenschliche Behandlung protestieren. Solidarisch zu sein heißt, das Bewußtsein für die Ursachen der Unterdrückung zu stärken. Bewußtseinsbildung ist ein langsamer und schmerzlicher Prozeß, aber wir müssen die Leute dort abholen, wo sie stehen, und

ihnen klar machen, wer sie sind, was sie wollen, wie sie es bekommen können und auf wen sie sich verlassen können. Sich mit ihnen zu solidarisieren heißt, sie zu stärken. Jesus entdeckte auch die verborgenen Fähigkeiten in den Menschen, denen er begegnete. Die Samariterin war eine Außenseiterin, aber ihr Leben wurde verwandelt und sie wurde befugt, ihrem Volk vom Messias zu erzählen. Solches Zutrauen bringt die Begabungen zum Vorschein, die in den Leuten schlummern, und bringt sie zum Blühen.

Es gibt zwei verschiedene Philosophien, entweder mit oder für die Armen zu arbeiten. Erstere bekräftigt und weckt Selbstvertrauen. Zweitere schafft oft Abhängigkeit und noch mehr Armut.

Solidarisch zu leben mit den Armen heißt auch, unsere eigene Haltung und unseren Lebensstil zu überprüfen.

Es bedeutet auch, Risiken auf sich zu nehmen. Frauen und Männer des Glaubens nahmen in der Geschichte des Volkes Gottes Risiken auf sich, indem sie sich am Kampf der Armen beteiligten.

Wo unterdrückerische Strukturen herrschen, werden Menschen, die das Bewußtsein der Armen schärfen und die Strukturen in Frage stellen, schnell zu subversiven Elementen deklassiert. Überzeugte Christen werden ständig von den Behörden verfolgt.

Der Preis ist hoch, wenn wir wirklich darauf hinarbeiten wollen, daß Gerechtigkeit und die Liebe Gottes sich ausbreiten, damit alle am Leben in Fülle teilhaben können.

Geburt

Mercy Oduyoye

Im Alter von 16 Jahren war ich dabei als eine 18jährige junge Frau ihr erstes Kind gebar. Von da an habe ich verstanden, warum bei den Akan in Ghana davon gesprochen wird, daß eine Frau heil vom Kampf zurückkehrt, nachdem sie das alles erfolgreich überstanden hat und mit dem Kind nach Hause kommt.

Wenn in der Kultur, in die ich hineingeboren wurde, eine Frau die Nachricht erhält, daß eine andere Frau von diesem Kampf nicht zurückgekommen ist, dann sollte sie das schnell vergessen. Solche Worte sollten einer Frau besser nicht zu Ohren kommen, denn bei der Geburt eines Kindes eine Niederlage erlitten zu haben, deutet auf die Gegenwart des Bösen hin. Die Schmerzen der Geburt sollten in Freude übergehen und nicht in Leid.

Das neue Leben wird mit Gebeten, Opfern und mit Heilmitteln erwartet. Für das erwartete Kind werden allerdings keine wesentlichen Vorbereitungen getroffen. Denn nichts kann eine sichere Entbindung für Mutter und Kind garantieren bei dieser Begegnung zwischen Leben und Tod. Das Geheimnis, das die Ankunft des Lebens umgibt, kann nicht dadurch ersetzt oder verniedlicht werden, daß man geschäftig rosa, blaue oder weiße Bänder kauft.

Das Wunder und die Faszination des erwarteten Lebens sind begleitet von Gebeten und „rechtem" Lebenswandel, d. h. Befolgung aller Tabus und Einschärfung ethischer Vorschriften in der Gemeinschaft. Die Geburt selbst liegt in Gottes Hand. Die Frau als Gebärerin des neuen Lebens ist zu der Zeit sehr allein mit ihrem Gott und der Hoffnung auf das neue Leben. Die Anderen, vor allem die Ältesten der Familie beten und rufen auch die Vorfahren aus der Welt der Verstorbenen an, sich an der Fürbitte zu beteiligen. Andere werden einfach mit Rat und Hilfe dabei sein, aber die Trennung müssen Mutter und Kind alleine durchstehen. Während der Wehen fühlt sich die Mutter am verwundbarsten und elendsten, aber ihre Schmerzen führen zur Geburt eines neuen Lebens, eines neuen Anfangs. Nicht alle von uns können diese Erfahrung der Trennung nachvollziehen.

Könnt ihr euch erinnern, wann ihr das letzte Mal mit der Entscheidung konfrontiert ward, einen neuen Arbeitsplatz anzunehmen oder in eine andere Gemeinde umzuziehen, oder noch schlimmer – ihr wurdet aus eurem Land ausgewiesen und mußtet fliehen? Dann könnt ihr euch vielleicht vorstellen, warum Babies schreien, wenn sie in diese neue Umgebung kommen, die wir für ihren Empfang vorbereitet haben. Das kleine Mädchen, bei dessen Geburt ich dabei war, protestierte ganz entschieden. Der gewaltsame Schock kam zu abrupt und die Lebensgewohnheiten der letzten Monate wurden zu plötzlich abgebrochen. Der so wohlig warme Raum wurde ausgetauscht gegen die unbegrenzte Weite von leblosem Plastik und kaltem Beton. Stellt euch die Unsicherheit vor, die das Kind umgibt!
Erinnert euch an Hiob! Seine Frage lautete: „Warum nur hat man mich das Licht des Tages sehen lassen?" Unser kleines Mädchen war nicht bereit, die ihm bekannten Annehmlichkeiten ohne Protest aufzugeben. So richten auch wir uns meist behaglich ein in den Bequemlichkeiten des Vertrauten und nur wenige wollen aufgefordert und geschüttelt werden, endlich zu erwachen und zu leben. Wenn aber die Nabelschnur nicht durchgetrennt wird, kann das eigenständig verantwortete Leben, das Gott von uns fordert, nicht beginnen.
Um ein eigenes Leben aufzubauen und ein verantwortliches Mitglied der Gemeinschaft zu werden, müßt ihr euch selbst entscheiden können, wo ihr sein wollt, und dies ist in der Regel nicht möglich ohne die Schmerzen des Abschieds von liebgewordenen Lebensgewohnheiten. Im Traditionellen zu verharren, kann manchmal den Tod bedeuten. Die Sicherheit

der Kinderstube muß ausgewechselt werden gegen die Freude, selbst etwas zu schaffen und beizutragen. Deshalb sagte Jesus zu Nikodemus: „Du mußt wiedergeboren werden!“

Als das Baby dann endlich da war, war ich enttäuscht. Ist das alles? Es war weder hübsch noch zum Knuddeln. Wenn ich ehrlich bin, war es häßlich. Das ist Geburt. Aber welche Kraft liegt darin! Die Mutter lächelt. „Dieses häßliche Bündel“ wird durch die Liebe zu einer Schönheit heranwachsen, seine Hände werden vielleicht eines Tages Großes tun – Kathedralen entwerfen oder für die Gesundheit aller forschen. Im Augenblick sind alle Geburtsschmerzen vergessen. Gott, der ihr geheimnisvoll den Atem des Lebens einhauchte, wird diesem Leben die Richtung weisen und seine Hand darüber halten. Das Chaos und die Dunkelheit des Gebärens, die durchbohrenden Schreie, Schweiß und Schwüre bekommen eine neue Qualität, weil ein neuer Mensch das Leben erblickt. Ein lebendiges Wesen im Bilde Gottes ist zum Vorschein gekommen. In der hebräischen Mythologie freut sich die Weisheit ganz besonders an der Erschaffung menschlichen Lebens; die ganze Gemeinschaft ist glücklich über den Zuwachs. Die körperlichen Schmerzen mußte die Mutter alleine durchstehen, aber die geistigen und psychischen Schmerzen wurden von der ganzen Gemeinschaft mitgetragen, deshalb bringt die Geburt eines gesunden Kindes allen Erleichterung.

Die letzten Kapitel im Johannes-Evangelium sind für mich die bewegendsten Episoden im Leben Jesu und seiner Jünger. An ihrer Stelle wäre ich wohl etwas verwirrter gewesen, als sie es waren. Denn Jesus sagt ihnen nicht nur die Schmerzen der Trennung voraus, sondern auch die Schrekken der Verfolgung. Ich habe mich oft gefragt, wieviel von dem Bild der Geburtswehen wirklich von seinen männlichen Jüngern nachvollzogen werden konnte.

Das Bild der Geburt ist für mich hauptsächlich das der Trennung und der damit verbundenen Schmerzen. Im medi-

zinischen Sprachgebrauch ist der lateinische Terminus tatsächlich partum.
Die Trennung zweier Leben, die für ihr Wohlergehen so gänzlich voneinander abhängig und an das Zusammenleben gewöhnt waren, ist fast ein Widerspruch. Und doch kann keines von beiden überleben, wenn die Trennung zur gegebenen Zeit nicht vollzogen wird. Die totale Abhängigkeit von Gott bedeutet Leben, aber die totale Abhängigkeit von einem anderen Menschen kann leicht ins Gegenteil umschlagen. Die Trennung zwischen Jesus und seinen Jüngern war nötig, damit sie verantwortliche Erwachsene werden konnten, um der Welt zu erzählen, was sie gesehen und gehört hatten. Wenn der Glaube der Jünger parasitär vom Glauben des Jesus von Nazareth abhängig geblieben wäre, dann wäre die Religion der völligen Abhängigkeit von Gott wohl verschwunden. Deshalb mußte Jesus sie verlassen.

Die Trennung zwischen Mutter und Tochter oder auch zwischen Mutter und Sohn ist zwar drastisch, aber nur physisch unumkehrbar. In anderer Beziehung bleiben sie zusammen, von der Kindheit über die Kämpfe der Pubertät bis hin zum Erwachsensein. Selbst der Tod trennt sie nicht, denn die Erinnerung daran, wie die Mutter Dinge tat und sagte, lebt weiter. So bleibt auch die Gegenwart Jesu erhalten. Er hat versprochen, sie nicht ohne Trost zurückzulassen. Selbst wenn wir, seine Jüngerinnen und Jünger meinen, erwachsen zu sein, können wir trotzdem ehrlich zugeben, daß wir den heiligen Geist jetzt und auch in Zukunft brauchen. Wir müssen die Gegenwart Jesu spüren können und uns des Christus-Ereignisses ständig bewußt sein. Wir brauchen die Gewißheit, daß er lebt und für immer unter uns ist. Die Trennung bei der Geburt macht uns unabhängig, aber sie führt nicht in Isolation oder Selbstgenügsamkeit.

Ein zweites Bild von Geburt ist die Ungeschütztheit und Einsamkeit derer, die in den Wehen liegen, um neues Leben zu gebären. Hier werden wir an Gethsemane und Golgatha erinnert. Der mythische Vogel Phoenix geht in Flammen auf, um einen neuen und einzigartigen Nachfolger hervorzubringen. Auch Paulus sagt, das alte Samenkorn muß sterben, um der neuen Pflanze Leben zu ermöglichen. Für mich symbolisiert das Kreuz eine neue Bedeutung des Leidens. Der neue Lebensstil Jesu hat die Formalitäten religiösen Lebens durcheinandergebracht, aber vor allem Glauben und Tun als Einheit gesehen. Solch eine radikale Perspektive wurde natürlich nicht einfach hingenommen. In der Regel schlagen die zurück, deren Lebensmuster in Frage gestellt werden. Deshalb sollten die Vorkämpfer/innen des Neuen auf Leiden eingestellt und nicht überrascht sein, wenn sich die Herzen derer, die sie herausfordern wollen, an ihrem Leiden erfreuen. Bei der Geburt eines Kindes kann die Gemeinschaft auch nicht bewegungslos bleiben, weil sie dem neuen Leben Platz schaffen muß. Es ist eine Tatsache, daß die frühe Christenheit leiden mußte, weil sie die Vision wagte, von der Geburt eines neuen Himmels und einer neuen Erde zu sprechen, und dadurch versuchte, einen Vorgeschmack auf das Leben anzubieten, das diesen Namen verdient.

Drittens entsprach die neue Gemeinschaft nicht dem Bild eines strahlenden Babys von Glückwunschkarten, sondern sie war eine schwache und sich abmühende Gruppe von Leuten, die weder reich, weise noch heilig waren, sondern im Wissen um die Vergebung versuchten, so gut sie eben konnten, in der Nachfolge Christi zu leben. Viele ungute Dinge sind in dieser „Gemeinschaft der Heiligen" geschehen. Die unerfreuliche Phase in der jungen Kirche kann nicht vertuscht werden. Aber Christen haben weitergekämpft im Glauben, daß der Tröster, den Christus versprochen hatte, sie weiterführen würde.

Die Geburt der Christenheit war eine gemeinschaftliche Anstrengung, genau wie die Geburt in einer Akan-Familie. Ein Mensch nahm das nötige körperliche Leiden auf sich, aber die ganze Gemeinschaft hat geholfen und teilte die geistigen und psychischen Schmerzen. Die ganze Vielfalt der Begabungen kam zum Tragen, indem einige beteten und andere heißes Wasser bereiteten. Das gemeinschaftliche Leiden, das dann zum Geburtsereignis hinführt, bringt schließlich allen Freude. Und so leidet die christliche Gemeinde mit Christus, indem sie sich müht, an seinem Werk mitzuarbeiten; für Menschen zu sorgen, die in Not sind, heißt für Christus sorgen. Aus dem Leiden Christi erwächst eine betroffene, sich sorgende Gemeinschaft.

In der christlichen Gemeinde sind wir beauftragt, die Vielfalt der Gaben gelten zu lassen, einander die Lasten abzunehmen und denen Gutes zu tun, die uns hassen. Die frühe Kirche hat versucht, diesen neuen Lebensstil aus der Taufe zu heben. Auch Verfolgung konnte ihren Glauben nicht auslöschen. Täglich beteten sie: „Maranatha – Komm, Herr –“ und dieses Gebet hat sich im Leiden noch verstärkt. Christus hatte gelitten, warum sollten nicht auch sie leiden müssen? Viele sahen am Rande des Todes Christus in seiner Herrlichkeit und waren bereit, ihm freudig zu folgen.

Mögen wir uns auch so freuen!

Neutestamentliche Aussagen zu politischer Macht

Elizabeth Dominguez

Wir wollen gemeinsam einige Abschnitte des Neuen Testamentes betrachten, die etwas mit politischer Macht und der Kirche zu tun haben.

Zunächst das Magnifikat – Lukas 1, 46–56. Maria, die Mutter Jesu, singt diesen Lobgesang und freut sich an der Tatsache, daß sie erwählt ist, die Menschwerdung zu ermöglichen. Lukas gibt uns hier einige Anhaltspunkte, wie er die politische Macht seiner Zeit beurteilt.

Die bezeichnende Stelle hierfür sind die Verse 51–53, wo die Ankündigung der Menschwerdung mit machtvollen Taten verbunden wird. Der Entschluß, machtvoll zu handeln, soll den Hungrigen das Überleben ermöglichen, ihnen einen neuen Tag schenken. So einfach ist das! Aber dies wird für subversiv gehalten, weil es die Regierenden stürzen könnte, damit die Hungrigen leben. Ich weiß nicht, ob es eine Möglichkeit gibt, den Text auch anders zu lesen.

Die Macht ist also nicht nur in Frage gestellt, sie ist tatsächlich herausgefordert.

Um das noch tiefer zu verstehen, schauen wir uns 1. Samuel 2 an, von wo das Magnifikat hergeleitet und dann leicht verändert wurde, um in die Theologie von Lukas zu passen. Der Gedankengang in Hannas Lied ist der, daß die Feinde besiegt werden, – „wer gegen den Herrn streitet, wird zerbrechen". In Hannas Lied wird der König erhöht und Gott gibt ihm Kraft, doch das wird bei Lukas weggelassen. Lukas hat ein gebrochenes Verhältnis zu Königen und Führern, und es ist auch ein sehr fragwürdiger Aufbau, wenn es Könige und Regierende und uneingeschränkt Mächtige gibt.

Herodes – Matthäus 2

Das ganze zweite Kapitel des Matthäusevangeliums handelt von König Herodes, der sich so sehr bedroht fühlte von der Nachricht, daß ein „König der Juden" geboren sei. Er hatte alle kleinen Kinder in seinem Königreich töten lassen, um sicherzustellen, daß dieser „König der Juden" nicht überleben würde. Stellt es euch vor, Herodes, der König, fühlt sich so bedroht durch ein neugeborenes Kind. Sein unstillbarer Durst nach Macht ist gekoppelt mit einer ganz tiefen Unsicherheit. Macht ist ein merkwürdiges Ding – je mehr man davon hat, desto durstiger und gieriger wird man, um immer mehr zu bekommen. Herodes hätte vor nichts zurückgeschreckt, um selbst an der Macht zu bleiben. Wer bringt es fertig, das zweite Kapitel des Matthäus zu lesen, und dann leichten Herzens Römer 13 zu zitieren, wo „alle staatliche Gewalt von Gott kommt?" Römer 13 darf nicht so unverantwortlich zitiert werden, wie dies heute oft getan wird, um staatliche Macht zu rechtfertigen.
Matthäus 2 gibt uns das sehr lebendige Bild eines Tyrannen – und die sofortige Folgerung daraus ist, daß Tyrannen als Kräfte der Gottlosigkeit und wegen ihrer Machtgier alles daransetzen, den Plan Gottes zu durchkreuzen. Dies ist eine sehr scharfe Kritik an Regierenden. Offensichtlich ist in Römer 13 eine andere Art von Regierenden gemeint. Man kann doch ein Gesetz nicht einfach blind befolgen und gehorchen, völlig ungeachtet dessen, wer der Regierende ist – vor allem dann nicht, wenn es sich um einen machtsüchtigen Tyrannen handelt. Wir können uns doch nicht vorstellen, daß Herodes von Gott eingesetzt war! Deshalb müssen wir uns verantwortlich entscheiden, von wem wir uns im Blick auf politische Macht eine Richtung zeigen lassen wollen, von Matthäus 2 oder von Römer 13.

Versuchungen – und das Mandat Jesu – Lukas 4, 1–21

Die Verse 18–19 sind bekannt. Aber ich denke, es wäre weise, die Versuchungen in den Versen 1–13 zu bedenken, weil der

springende Punkt in der Versuchungsgeschichte auch die Macht ist.
Die erste Fähigkeit, die Jesus angeboten wurde, war die, aus Steinen Brot zu machen. Aber Jesus macht nicht mit. Warum? Weil nur die aus Steinen Brot machen, denen die Menschen gleichgültig sind, die wirklich Brot brauchen, die Armen. Ihr könnt alle möglichen Entwicklungen fördern – ihr könnt sogar Reis für den Export produzieren – und meinen, dadurch aus Steinen Brot zu machen.
Es gibt einen japanischen multinationalen Konzern, der aus Cogon-Grass ein wertvolleres Nahrungsmittel herstellen kann als Reis. Das klingt wie ein Wunder, ist aber Produktion um welchen Preis? Es ist lediglich eine Selbstdarstellung von Macht, aus dem Nichts etwas zu produzieren, aber für wen? Jesus hat diese Art von Machtspielen abgelehnt. Man kann tatsächlich alle Technologien dieser Welt beherrschen, und alle Anzeichen mögen dafür sprechen, daß wir uns weiterentwickelt haben. Wenn aber an der Basis, bei den Randgruppen der Gesellschaft sich nichts zum Besseren hin verändert, dann ist das so, als machten sie aus Steinen Brot, nur um sagen zu können: „Ich bin mächtig, ich kann es!"
Dazu hat Jesus Nein gesagt.

Die zweite „Macht", die Jesus angeboten wurde, war die, so mächtig wie ein König zu sein. „Wenn Du mich anbetest, dann wirst Du alles bekommen, selbst alle Königreiche der Welt." Wir haben den König und den Staat betrachtet – die Macht, die nicht zu trennen ist –, Macht, der wir auch nicht entrinnen können, besonders in der heutigen Zeit nicht, da die Technologie alles Leben umschließt.
Mit dieser königlichen Macht wollte Jesus auch nichts zu tun haben. Sie ist nicht die Kraft für das wirkliche Leben.

Das dritte Angebot in der letzten Versuchung garantiert Jesus, daß ihm nichts zustoßen werde, wenn er von der höchsten Zinne des Tempels springt, daß sogar Engel ihn auffangen würden. Welche Macht ist hier wohl gemeint? Wiederum sagt Jesus Nein! Denn dies ist die Macht, immun

zu sein gegen Verletzungen, nie bei den Opfern zu sein, nie das zu erleben, was die Menschen täglich durchmachen – denen wir doch dienen sollen. Mit dieser Macht, niemals den Schmerz und die Verletzungen der ganz normalen Menschen zu spüren, konnte und wollte Jesus nichts zu tun haben.
Darauf folgt dann die Predigt Jesu, die die Worte von Jesaja aufnimmt, „der Geist des Herrn ruht auf mir, denn er hat mich gesandt, den Armen das Evangelium zu verkündigen“. Diese erste Predigt Jesu charakterisiert seinen ganzen Auftrag; darauf liegt seine Betonung, dies sind seine Haupttätigkeit und sein Markenzeichen. Alle anderen Versuchungen halten dem nicht stand, wirklich den Armen zu dienen.
Sehen wir uns einmal an, was es hieß, zu Zeiten des Lukas arm und unterdrückt zu sein – „Er hat mich gesandt, damit ich den Gefangenen die Entlassung verkündige.“ Wie sollte das erreicht werden, ohne die unrechtmäßig regierenden Mächte herauszufordern? Mit den falschen Mächten kann die Mission nicht erfüllt werden, und um den Auftrag durchzusetzen, kommt man unweigerlich mit den herrschenden Mächten in Konflikt. Die Gefangenen jener Tage waren Kriegsgefangene, unbedeutende, kleine Soldaten, die man einsperrte. Selbst beim Militär sind die Kleinen die Opfer, wie die Armen – und wie den Armen soll ihnen die Freiheit geschenkt werden.
Die Blinden, die in dem Text das Augenlicht wieder erlangen sollen, sind hochgradig behindert und abhängig, und haben dadurch ihre Fähigkeit, auf eigenen Füßen zu stehen, verloren. Das Augenlicht, das ihnen als Geschenk Gottes gegeben ist, funktioniert nicht, es erhellt ihren Gesichtskreis nicht. Jede Form von Abhängigkeit, die uns nicht eigenständig leben läßt, kommt einer Entstellung – einer Blindheit gleich. Jesus spricht davon, diesen ganz unterschiedlichen Blinden ihre Sehkraft wiederzugeben.
Und dann wendet er sich den „Geschlagenen zu, damit sie die Freiheit erlangen“. Sehr oft sind diese Zerschlagenen die ohnehin Schwachen, deren Schwachheit dazu benutzt wird, sie schwach und klein zu halten. Aber die Schwachen sollen nicht manipuliert, sondern gestärkt werden. Denken wir

einmal an die vielen Ereignisse in unserer Gesellschaft, die in dieses Bild passen. Werden die Unterdrückten nicht ständig klein gehalten?
Zum Schluß erwähnt Jesus das Gnadenjahr, wenn alle Gefangenen frei, die Schulden erlassen und ein Neuanfang möglich wird – Tod und danach die Auferstehung –, ein ewiges Ereignis, in dem das Alte weichen muß, zu allen Zeiten. Die Gefangenen freizulassen, den Blinden das Augenlicht zu geben, die Zerschlagenen zu befreien – und dies angesichts staatlicher Mächte und Regierungen! Es kann nicht durch karitative Programme erreicht werden, indem wir zu „helfen" versuchen ohne die Wurzeln des Problems zu berücksichtigen.

Ablehnung der Kraft des Evangeliums – Apostelgeschichte 4, 1–22

Hier im 4. Kapitel der Apostelgeschichte erleben wir die Ablehnung einer Kraft um einer anderen Macht willen. Nachdem sie einen Mann geheilt hatten, predigten Petrus und Johannes das Evangelium. Heilung ist die Folge des Evangeliums, das Geschenk des Glaubens. Ein ganz konkretes menschliches Bedürfnis wurde befriedigt. Etwas Wunderbares hat sich ereignet. Aber die Führer des Volkes fühlten sich bedroht durch diese neue Kraft und überlegten, was sie dem Geschehenen entgegensetzen könnten. Sie hatten Schwierigkeiten damit, weil Petrus und Johannes bei den Leuten so beliebt waren. Welche Parallelen sehen wir zu unserer heutigen Zeit? Wenn es eine ganz entschiedene Gruppe gibt, die überzeugt daran arbeiten möchte, die schwierige Lage des Volkes zu verändern, ist dies nicht erwünscht. Eigentlich müßten alle dafür sein und einsehen, daß es gut wäre, die neuen Ideen umzusetzen. Aber die bestehenden Machtverhältnisse sind bedroht. Dieser Abschnitt zeigt sehr klar und deutlich, wie alle guten Ansätze an der Basis immer danach beurteilt werden, ob sie die bestehenden Machtstrukturen in Frage stellen.
Petrus und Johannes wurden von den Führern ermahnt und

gewarnt, nicht mehr im Namen Jesu zu sprechen, aber sie antworteten: „Ob es vor Gott recht ist, mehr auf euch zu hören als auf Gott, das entscheidet selbst. Wir können unmöglich schweigen über das, was wir gesehen und gehört haben." Am Ende ließen die Führer sie laufen. Sie sahen keine Möglichkeit, sie zu bestrafen, obwohl sie es gerne getan hätten, weil die Menschen, die das Evangelium gehört hatten, plötzlich auch zu einer Gefahr für sie wurden.

Dieser Text ist sehr wichtig, weil er uns zeigt, wie schon die ersten Christen, die ihrem Auftrag treu sein wollten, für die Autoritäten eine Bedrohung darstellten. Sie waren „subversiv", wie heute Menschen genannt werden, die sich auf die Seite der Armen stellen. Dabei haben Petrus und Johannes die Ältesten nicht einmal in Frage gestellt, sie haben einfach nur geheilt und gepredigt. Später dann erklärten sie: „Wir müssen Gott mehr gehorchen als den Menschen!" Das war die Losung der frühen Kirche. Auch wir müssen uns entscheiden, entweder Gott zu gehorchen oder den Menschen – und mit Menschen sind hier die Machthaber, die Unterdrükker gemeint. Es gibt hierzu heute verblüffende Parallelen. Vielleicht ist es wichtig, an Matthäus 10, 20ff zu erinnern oder an Johannes 18, 28–19,16, denn dort wird gezeigt, wie die Staatsmacht operiert – ohne Gewissen und Interesse an Wahrheit oder Prinzipien. Hauptsache ist, um jeden Preis Ruhe und Ordnung zu erhalten.
Dann gibt es noch die Stelle bei Markus 12, 13–17 „Gebt dem Kaiser", die auch oft ohne den Zusammenhang zitiert wird. Jesus zeigte immer wieder sehr klug, daß er sich nicht in eine Falle locken läßt – dies sollten wir ihm nachmachen.

Den Autoritäten gehorchen – Römer 13

In Römer 13 wird deutlich, daß Paulus als Missionar ganz schön frustriert war von den kirchlichen Autoritäten. Der Schlüssel zum Verständnis dieses Kapitels liegt darin, daß Paulus auch römischer Bürger war. Die römischen Behörden waren gut zu ihm und haben ihm viele Konflikte mit der Kirche erspart. Die Regierung und die Herrschenden bedeuteten hier jedenfalls keine Bedrohung für jene, die sich wohlverhielten oder Gutes taten. Paulus hatte in seinem Auftrag von Regierungsseite Hilfe erfahren und beurteilte sie deshalb positiv. Deshalb sollte Römer 13 nicht leichtfertig herangezogen werden, jedwede Staatsgewalt zu rechtfertigen. Es stimmt nicht, daß alle „Regierenden von Gott eingesetzt" sind.

Biblischer Glaube hat eine politische Ausrichtung

Diesen wenigen Beispielen können wir entnehmen, daß der biblische Glaube eine politische Ausrichtung hat. Das Volk Gottes hat der Macht von Tyrannen immer widerstanden. Es muß jeder politischen Macht gegenüber sehr aufmerksam sein. Quer durch das Alte und Neue Testament gibt es eine sehr lebendige Tradition des Protestes. Der primäre Kontext der alttestamentlichen Propheten war die Konfrontation mit religiösen und politischen Mächten. Die politischen Mächte müssen gläserne Taschen haben, damit man alle Vorspiegelungen und Betrügereien aufdecken kann. Sie verdienen unsere Unterstützung nur, wenn sie etwas zum Auftrag der Kirchen beitragen. Aber auch dieser Auftrag muß sorgfältig definiert wrden – es ist die Geburt des Volkes Gottes, das eine Gemeinschaft von Menschen wird, die an dieser Gemeinde weiterbauen.

Ein Brief an Hiob

Elsa Tamez

Lieber Bruder Hiob!
Deine Schreie, Dein Leiden, Dein Protest haben uns bis ins Mark erschüttert. Wir können nicht mehr schlafen. Wir weinen blutige Tränen.
Deine Hände strecken sich aus nach allen Richtungen. Sie geben uns Zeichen, sie fragen nach uns. Was hast Du mit uns vor, Bruder Hiob?
Der Geruch des Todes geht uns nicht mehr aus der Nase, wir riechen Dich überall. Dein Körper, übersät mit wunden Stellen, macht uns zu schaffen. Fetzen Deines zerfressenen Fleisches kleben an unserem. Wir haben uns angesteckt bei Dir, Bruder Hiob.
Du hast uns angesteckt, unsere Familien, unser Volk. Deine Augen, die die Gerechtigkeit suchen, haben uns mit Mut, Zärtlichkeit und Hoffnung erfüllt.
Was bist Du mutig, mein Bruder! Wie stark ist Dein Widerstand! Wie wir bist Du krank, verlassen, zurückgewiesen und geschlagen. Deine Freunde Elifas, Bildad und Zofar haben nicht aufgehört, Dich zu quälen und geben Dir wenig hilfreiche Ratschläge.
Sie meinen, Du solltest aufhören, Deine Unschuld zu verteidigen und ruhig weiterleiden. Sie sagen, Gott habe Dich bestraft und Du solltest nun Buße tun. Aber Du, Bruder, Du hast nicht aufgegeben, trotz alledem! Im Gegenteil, Deine Schreie sind noch lauter geworden. Du glaubst ihnen nicht, und Du bekämpfst sie. Und was natürlich noch schlimmer ist, Du wagst es, mit dem allmächtigen Gott zu streiten. Du machst Gott für Deinen schlimmen Zustand verantwortlich und Du wirfst dem Allmächtigen vor, angesichts Deines Leidens zu schweigen. Zuerst waren es Deine Freunde, nun

scheint Gott Dich verlassen zu haben. Du verstehst nicht warum. Du bestehst darauf, daß Du im Recht und unschuldig bist. Und schließlich ist es das Recht einer jeden Frau und eines jeden Mannes, sich laut zu wehren gegen ungerechtes Leiden.
Deine Freunde haben aufgehört, Deine Freunde zu sein, weil Du es gewagt hast, den unberührbaren Gott zu berühren. Du hast ihn angefaßt, den perfekten Gott, den „ganz Anderen", der ohne sich zu irren über die ganze Welt verfügt und die Gerechtigkeit nach links und rechts austeilt. Nur Du spürst nichts davon. Du siehst das Leiden der Gerechten und Unschuldigen, und das Glück derer, die ausbeuten und ihre Reichtümer aufhäufen. Deine Freunde versuchen in ihren wohlformulierten Reden, Dich vom Gegenteil zu überzeugen. Sie sollten besser den Mund halten, denn Du bist es, der die Ungerechtigkeit mit all ihren Konsequenzen ertragen muß in Deinem eigenen Fleisch und Blut.
Gott soll antworten! Laß ihn sein Schweigen erklären, sein unerträgliches Schweigen. Wie absolut unerträglich ist doch Gottes Schweigen! Gottes Abwesenheit ist wie der Tod. Gott, unser Gott, warum hast Du uns verlassen?
Laß Gott jetzt reden und Deine Freunde sollen still sein, weil wir über ihrem Lärm Gott sonst nicht hören. Warum sind Deine gescheiten, weisen Freunde, nicht endlich still? Ihre Weisheit entspricht wirklich nicht den Tatsachen des Lebens. Mit ihren Worten leugnen sie die Schmerzen und die Not, die sie mit ihren Augen sehen. Das ist leere Theologie! Eine Theologie, die sich selbst genug ist! Eine Theologie, die Gott mit unglaublichen Lügen zu verteidigen sucht. (Hiob 13, 7). Sie verteidigen Gott auf Kosten der Menschen, anstatt die Menschen im Gehorsam gegen Gott zu verteidigen.
Sie sollen endlich still sein! Sie sollen mit Dir zu den Müllhalden gehen. Laß sie dort weinen und ihre Kleider zerreißen für weitere sieben Tage und Nächte. Ohne ein Wort zu reden sollen sie sich in Dich und Deinen Schmerz hineinversetzen. Nur so werden sie vielleicht verstehen, warum die Unschuldigen ein Recht haben zu rebellieren und zu protestieren. Vielleicht werden sie dadurch verwandelt.

Aber laß auch uns still sein, Hiob. Wir wollen uns nicht mehr beklagen. Wir haben es lange genug getan. Deine weisen Worte haben die Weisen Deiner Zeit zum Schweigen gebracht. Ihnen gingen die Argumente aus. Gott würde sie auch nicht mehr decken. Laß uns vor den allmächtigen Gott treten und ihn um eine Erklärung bitten, warum er so lange geschwiegen hat.
Gottes Schweigen ist mysteriös. Manchmal bekommen wir Angst und lassen uns lähmen angesichts der Teufel, die das Leben aus den Menschen herausquetschen. Aber ohne dieses Schweigen Gottes können wir gar nicht wirkliche Frauen und Männer werden. Wenn Gott die ganze Zeit spricht, werden die Menschen taub. Sie hören dann nicht den Schrei der Armen und derer, die leiden. Sie werden stumpfsinnig. Sie hören auf, vorwärts zu gehen und zu hoffen. Sie wagen es nicht mehr, etwas anzupacken. Sie haben keine Ausdauer mehr.
Gott bleibt still, damit Frauen und Männer reden, protestieren und kämpfen. Gott bleibt still, damit Menschen wirkliche Menschen werden. Wenn Frauen und Männer in Gottes Stille hineinschreien, dann weint er in Solidarität mit ihnen, aber er mischt sich nicht ein. Gott wartet auf die Protestrufe, um dann wieder mit uns zu reden, diesmal im Dialog mit uns.
Gott zeigt uns, wie die Bergziege sich von ihrem Neugeborenen trennt, das dann seinen Weg in den Felsen alleine suchen wird und nicht zur Milchquelle bei der Mutter zurückkehrt. Gott lehrt uns, wie frei der wilde Esel ist, und wie er über den Lärm der Stadt lacht. Er ist nicht abhängig vom Eseltreiber, sondern sucht sein eigenes Futter. Dem Büffel fällt es nicht im Traum ein, die Nacht im Stall zu verbringen. Der Vogel Strauß verhöhnt den Reiter des Pferdes, das ihn nicht überholen kann. Das Pferd wiehert majestätisch und fürchtet sich nicht vor der Gewalt des Krieges. Der Adler umkreist die höchsten Berggipfel, mit seinen Augen die ganze Welt umfassend. Ihnen allen gab Gott ihre Kraft und Freiheit.
Laß uns aufbrechen, Bruder Hiob, denn Du kannst Leviathan nicht mit einem Angelhaken fangen, noch das Monster Behemoth mit einem Lächeln. Nur die Kraft Gottes in unserer

Kraft kann sie bezwingen. Er fordert uns heraus. Laß uns Antwort geben.
Mein Bruder, Du hast Gott gesehen, Du hast ihn wirklich kennengelernt. Du wirst nie mehr derselbe sein nach dieser Leidenserfahrung, nach dieser Vision Gottes. Du wirst nie mehr jener reiche Mann sein, für dessen Wünsche und Bedürfnisse gesorgt war, und der von seinem Überfluß für die Habenichtse etwas abgab. Du hast die tiefe, unvergeßliche Erfahrung gemacht, Dich ganz elend, ganz unten zu fühlen, dies wird Teil Deiner persönlichen Lebensgeschichte bleiben. Jetzt kennst Du Deinen Gott, der bei Dir ist und nicht mehr fern.
Gott hat Dich wieder aufgerichtet, weil Du solange mit ihm gerungen hast, bis er Dich gesegnet hat. Was hast Du jetzt vor? Gott hat Dich wieder hergestellt, aber was ist mit uns? Ich hoffe, Du bist bald wieder hier auf den Müllhalden, um mit uns weiterzukämpfen.

Elsa Tamez

Zwei Weihnachtsgeschichten

1. Ein Sohn ist ihr geboren

Aruna Gnanadason

Maria trägt die schwere Last auf ihrem Kopf und klettert die gefährlichen Stufen des Baugerüstes hinauf. „Beeil dich, Frau, wir haben nicht so viel Zeit", schreit der Bauunternehmer sie an. Maria ist nur eine von den vielen Frauen, die er angestellt hat. Vorsichtig nimmt sie den schweren Eimer voll Zement von ihrem Kopf und hält sich einen Augenblick lang den schmerzenden Rücken. Wann wird dieser lange Tag vorüber sein, damit sie sich irgendwo hinlegen und ausruhen kann? Sie zögert nicht lange, weil sie Angst hat, er könnte sie nach Hause schicken; er hat sie sowieso nicht gerne eingestellt. Niemand ist begeistert, eine schwangere Frau im achten Monat einzustellen. Aber Maria hat so wenigstens einen Tag länger Arbeit, auch wenn sie ihm vorgelogen hat, daß sie erst im sechsten Monat sei. Zum Glück sieht man ihren Bauch nicht so sehr. Sie balanciert den leeren Eimer auf ihrem Kopf und klettert wieder hinunter. Als es ihr einen Augenblick schwindelig wird, kann sie sich gerade noch an der Leiter festhalten, um nicht zu fallen.
Mit den 4 ½ Rupien, die ihr der Boß auszahlt, rennt sie nach Hause. Erst kürzlich hat sie einmal überlegt, warum eigentlich die Männer auf der Baustelle so viel besser bezahlt werden.
Nachdem sie Reis, Zwiebeln und Chillies eingekauft hat, gönnt sie sich einen kleinen Luxus, den sie sich eigentlich nicht leisten kann – sie trinkt ein Glas Tee, das sie mit Schuldgefühlen gierig hinunterstürzt. Wenn sie an all die

Arbeit denkt, die zuhause noch getan werden muß, dann fragt sie sich, wann der Tag wohl ein Ende haben wird.
Von weitem schon hört sie das Wimmern ihres kleinen Sohnes und die ärgerliche Stimme ihres Mannes, der versucht, ihn zur Ruhe zu bringen. Sie schluckt ihren wachsenden Ärger hinunter und öffnet schnell die Tür ihrer kleinen Hütte.
Ihre drei Kinder hatten sich gestritten um eine Banane, die eines von ihnen von einer alten Frau auf der Straße geschenkt bekommen hatte. Joseph, ihr Mann, konnte nach dem harten Tag in der Schreinerwerkstatt, in der er arbeitete, das Quengeln der Kinder nicht ertragen und hatte sie alle geschlagen. Während Marias Tochter schmollend in einer Ecke sitzt, schaut der ältere Sohn herausfordernd zu seinem Vater und das Baby schreit laut. Schnell gibt sie jedem Kind zehn Paisa in die Hand, damit rennen sie fort. Und Maria sehnt sich nach dem Ende des Tages.
Von seinem Lohn gibt Joseph Maria fünf Rupien, die sie nachzählt und in eine Sparbüchse tut, um später den Kindern für Weihnachten Kleider zu kaufen. Mit den anderen fünf Rupien geht er dorthin, wo die Männer spielen – oder vielleicht auch zum Schnapsladen. Maria macht sich an die Hausarbeiten – sie holt Wasser, wäscht die Kleider und kocht eine einfache Mahlzeit. In ihrer verrauchten Hütte kommen ihr die Tränen. Wann wird Feierabend sein – wann wird sie ihren schmerzenden Rücken ausruhen dürfen?
So vergehen die Tage und Weihnachten rückt näher. Die Ersparnisse für die Kleider kommen nie zum Kleiderladen. Sie werden dem Mann gegeben, dem das Land gehört, auf dem die Hütte steht. Die Angst vor einer drohenden Vertreibung schwebt täglich über ihnen, und sie kann nur mit Geld hinausgezögert werden. Um das Slumgebiet herum sind die Häuser der Reichen fröhlich mit Sternen und Lichtern geschmückt. Die Kinder schauen sehnsüchtig nach den Kuchen, Süßigkeiten, Spielzeugen, Kleidern und Feuerwerkskörpern in den Schaufenstern der Geschäfte. Joseph bastelt einen einfachen Stern aus Bambus und Papier und hängt ihn vor die Hütte.

Als sie die Leiter wieder hinaufsteigt, ist die Last besonders schwer und die Rückenschmerzen werden schlimmer. Die Schreie des Unternehmers treiben sie an. Aber bald kann sie einfach nicht mehr. Ihr Unwohlsein läßt sie nach Hause eilen, wo sie gerade noch rechtzeitig ankommt. MIt Hilfe ihrer zehnjährigen Tochter schenkt Maria einem Sohn das Leben. Die Frauen aus der Nachbarschaft kommen und schauen danach, daß Mutter und Kind sich wohl fühlen. Ein streunender Hund schnüffelt an der Tür, hinter der soviel Freude ist. Stolz schaut Joseph zu, wie die Nachbarn seinen neugeborenen Sohn bewundern. Die drei Dorfältesten des Slums bringen Geschenke – eine alte abgetragene Decke, einen Sack Heu, um ein Bett zu richten, und ein Glas Milch für Maria. Der Stern, den Joseph angebracht hatte. heißt alle und jede/n in der bescheidenen Hütte willkommen, Hier ist Weihnachten; Frieden, Freude und Hoffnung strahlen aus von diesem unbekannten, unscheinbaren Slum am Ende der reichen Stadt.

Marias glückliches Gesicht beugt sich über den kleinen Sohn.

Die Kinder singen:

In einem Stall, wo es kein Bett gibt
legt der kleine Jesus sein süßes Köpfchen hin.
Die Sterne am leuchtenden Himmel
strahlen auf ihn herab,
auf den kleinen Jesus, der im Heu schläft.

Wie Maria ihren Sohn so betrachtet, füllen sich ihre Augen mit Freudentränen. Dieser kleine Mensch ist für sie ein Symbol der Hoffnung. Sie denkt an die Baustelle, an die niedrigen Löhne, an die leere Sparbüchse, an die Furcht vor Vertreibung und an die unsichere Zukunft. Das Kind scheint ihr zu sagen: „Frau, warum – warum fügst du dich so bescheiden und passiv in alles, was dich unterdrückt? Steh doch auf und widerstehe – du bist die Frau aus dem Magnifikat!"

Und Maria lächelt, denn ihr ist heute ein Sohn geboren.

2. Ein junges Herz schlägt

Mahat Farah El-Khoury

Im Radio singt der populäre, libanesische Sänger Fairuz das Lied: „Die Nacht von Weihnachten".
Mutter und Vater sind gerade von ihrer langen, ermüdenden Arbeit nach Hause gekommen. Die 4 Kinder warten ungeduldig. Was sie wohl erwarten? Einen Weihnachtsbaum? Schöne Geschenke? Ein besonderes Essen? Wollen sie wohl alles zusammen oder gar nichts?
Wie gewöhnlich wird das bescheidene Essen aufgetragen. Das Einkommen reicht kaum für eine sechsköpfige Familie. Asma'a, die Älteste, ein zehnjähriges Mädchen hört mit Tränen in den Augen auf die Stimme von Fairuz. Mit einem Stift in der Hand versucht sie irgendetwas zu schreiben.
„Was schreibst Du, Asma'a? Willst Du das Lied von Fairuz aufschreiben?" fragt die Mutter teilnahmsvoll. „Nein, Mutter, ich schreibe einen Brief oder besser gesagt eine Weihnachtskarte an den Nikolaus oder an Jesus Christus, in der ich meine Enttäuschung ausdrücke oder um eine Erklärung bitte."
Asma'a fuhr fort: „Ihr Erwachsenen schickt an Familie und Freunde Weihnachtskarten, ich schicke meine eben an Jesus von Nazareth. Ich möchte dem Sohn von Maria schreiben. Ich möchte mit ihm reden und ihm erzählen, was auf Erden so alles passiert, denn er ist ja so weit weg, so weit! Vielleicht hat er es einfach nicht mitbekommen. Ich werde den Brief auf den Altar legen, damit die Engel ihn weitergeben können. Vielleicht wird er zuhören, vielleicht wird er sogar antworten."
Die Mutter ist sehr erstaunt und fragt sich: „Was ist denn wohl los mit meiner Tochter? Ist sie nicht mehr ganz bei Verstand?"
Dann hat sie aber wieder alle Hände voll zu tun, und überläßt die Tochter ihrem Schreiben. Ein bißchen später, als das Mädchen den Brief gerade fertig hatte, kommt die verwunderte Mutter zurück. Sie nimmt den Brief und liest:

„Mein liebster Jesus!
Anläßlich dieses gesegneten Weihnachtsfestes, dem Tag Deiner Geburt, komme ich zu Dir, denn ich habe mal gelernt: ‚Lasset die Kinder zu mir kommen und wehret ihnen nicht...' und weil ich eines dieser Kinder bin, habe ich beschlossen, zu Dir zu kommen. Wenn ich Dich auch nicht körperlich oder mit meiner Stimme erreichen kann, so doch wenigstens mit meinen Worten. Ehre sei Gott in der Höhe und Frieden auf Erden den Menschen die Gott gefallen. So sangen die Engel in der Heiligen Nacht. Herrlichkeit im Himmel, ja, und auf Erden... Krieg, Töten, Elend und Schmerzen.
Zu Dir kamen sie in der Heiligen Nacht mit Gold, Weihrauch und Myrrhe. Heute werden mit Gold Vernichtungswaffen gebaut oder gekauft. Was den Weihrauch betrifft, so wird er für Kriminelle und Mörder verbrannt. Um Deine Krippe waren Schafe und Ziegen; heute ist sie umgeben von Wölfen und Krähen.
Dein Symbol ist die Liebe, Du Sohn Marias; aber wo ist die Liebe? Nichts als ein leeres Wort, Tinte auf Papier.
Sie lehrten mich, daß Du gekommen seist, um die Menschheit zu retten. Aber die Menschheit versinkt im Abgrund, im Bösen, in Dunkelheit und Zerstörung.
Du hast gesagt: ‚Eher kommt ein Kamel durch ein Nadelöhr, als ein Reicher ins Reich Gottes.'
Aber hier geht der Reiche in Palästen und Villen ein und aus, er hebt sich in die Lüfte mit Flugzeugen, er schwirrt wie mit Flügeln herum, sich eitel brüstend wie ein König. Die Leute verbeugen sich vor ihm aus Angst.
Du hast gesagt: ‚Meine Schafe hören meine Stimme, und ich kenne sie und sie folgen mir!' Wir haben Deine Stimme im Ohr, Du Sohn von Maria, aber Deine Schafe hören Dich nicht. Sie sind zu beschäftigt. Sie folgen Dir nicht. Sie gehen dem Falschen, Trivialen, Sterblichen nach. Komm doch wieder!
Vielleicht könntest Du die Menschheit erneuern und sie von ihren krummen Wegen zurückholen. Komm doch und hilf das weitersagen, wofür Du gelebt hast. Deine Botschaft der

Liebe und Gerechtigkeit, der Schwesterlichkeit und Brüderlichkeit.
Ich umarme Dich und wünsche Dir fröhliche Weihnachten, bis wir uns wiedertreffen, auf Erden oder im Himmel,

Deine kleine Asma'a

Die Mutter liest den Brief und ihre Gedanken wandern nach Jerusalem zu den Gefängnissen und Konzentrationslagern, zu Tod und Zerstörung, zum verwundeten Libanon. Sie wandern zu denen, die den Glauben verkündigen und dennoch verletzen, und zu denen, die im Namen der Religion niederbrennen und zerstören.
Mit Tränen in den Augen sagt sie: „Schnell, meine Tochter, lauf ganz schnell und gib den Brief ab. Vielleicht wird er bei ihm ankommen. Vielleicht geht in Erfüllung, was wir uns wünschen."

Frau, wie lange wirst du noch warten?

Bette Ekeya

Im folgenden Beitrag beschäftige ich mich mit der Tatsache, daß zwar die Frohe Botschaft von Jesus mein Volk erreicht hat, jedoch ein großer Teil dieses Volkes immer noch arm, gefangen, blind und zertreten ist und von Gottes Liebe für alle Menschen nichts merkt. Dieser Teil sind die afrikanischen Frauen. Eigentlich hätte die Ankunft der Missionare im letzten Jahrhundert für die afrikanische Frau eine wirklich befreiende Nachricht sein können; aber das Gegenteil ist geschehen: Zu den bisherigen traditionellen Normen und Tabus, welche die Frauen einschränkten und abhängig hielten, kamen zwei neue Faktoren der Unterdrückung hinzu, nämlich die Überinterpretation bestimmter biblischer Texte und die vorwiegend männlichen Institutionen der Kirche.

Die afrikanische Kultur

Ich kann hier nicht umfassend auf die afrikanische Kultur eingehen, sondern möchte als Beispiel das Leben und die soziale Stellung der Frau im Iteso-Volk schildern, wobei vermutlich die meisten Aussagen auch für die Frauen im übrigen Afrika allgemein zutreffen.
Die Itesos wohnen im Teso-Gebiet und teilweise im Bukedi-Gebiet in Uganda. Sie sind die zweitgrößte Volksgruppe des Landes. Ein kleiner Teil der Bukedi-Itesos wurde in der Kolonialzeit vom übrigen Iteso-Volk getrennt durch die Grenze zwischen Kenia und Uganda. In Kenia sind die Itesos eine sehr kleine Minderheit. Das Christentum kam zu den Itesos durch die Mill-Hill-Missionare von St. Joseph und durch die Kirchliche Missionsgesellschaft. So sind die mei-

sten Itesos in Kenia römisch-katholisch. Im folgenden möchte ich darstellen, wie sich das katholische Christentum auf die Iteso-Frauen ausgewirkt hat.
Das Iteso-Volk, das die ersten Missionare vorfanden, glaubte an einen Gott „Akuj". Von diesem „Akuj" sagte man, er wohne weit weg im Himmel. Akuj hatte die Welt und die Menschen geschaffen und sorgte auch weiterhin für sie. Man konnte Akuj jederzeit und überall anrufen, außerdem brachte man ihm in Zeiten großer Not gemeinsame Gebete und Opfer dar. Für solche kultischen Handlungen waren bestimmte Personen zuständig, die zugleich Priester und Propheten waren. Aber das religiöse Leben der Itesos beschränkte sich nicht auf bestimmte kultische Anlässe, sondern die Religion durchdrang sämtliche Lebensbereiche, wie bei allen Völkern Afrikas.
Der Bereich der Iteso-Religion, der vor allem die Frauen betraf, könnte etwa als „häusliche Rituale" bezeichnet werden. Das Leben der Frau spielte sich vorwiegend in Haus und Familie ab. Das höchste Ziel einer Iteso-Frau war, zu heiraten und Kinder zu haben. Für diese Bestimmung wurde sie von klein auf erzogen und vorbereitet. Sobald sie heiratsfähig war, wählte der Vater mit großer Sorgfalt einen Ehemann für sie aus.
Die Heirat eines Mädchens war eine umständliche Prozedur, die sich über eine ganze Zeit hinzog, wobei verschiedene Vorschriften erfüllt werden mußten. Zwei ausgedehnte Großfamilien waren daran beteiligt: die Familie des zukünftigen Ehemannes und die des Brautvaters. Diese beiden Gemeinschaften schlossen eine Art Bündnis, dessen äußeres Merkmal der »Asuti« war, das heißt: die Familie des Jungen übergab der Familie des Mädchens einen vereinbarten Teil ihres Viehs. Dieser „Asuti" (Brautpreis) machte die Ehe rechtskräftig und half mit, sie stabil zu erhalten.
Für das Iteso-Mädchen bedeutete die Heirat, daß sie den Hof ihres Vaters verlassen und die Stammesriten ihrer Familie aufgeben mußte. Von nun an lebte sie in einer ihr ungewohnten Umgebung mit Stammesriten, die ihr fremd waren. Diese Umstellung von einem Lebensabschnitt auf einen anderen,

vielleicht schwierigeren, wurde wieder begleitet und erleichtert durch verschiedene Rituale, um sie in den Ehestand aufzunehmen und der Familie des Mannes einzugliedern. Bei der eigentlichen Hochzeit wurde sie mit dem Öl der Familie des Mannes gesalbt; später führte man sie durch Rituale in ihre neuen häuslichen Pflichten ein, ebenso war ihre erste Schwangerschaft von Ritualen begleitet. Nach der ersten Geburt gab es ein Ritual, um das Kind in die Gemeinschaft aufzunehmen und um die Mutter kultisch zu reinigen, da sie durch die Geburt nach damaligem Verständnis kultisch unrein geworden war. Von der Geburt des ersten Kindes an wurde die junge Frau nicht mehr als Kind betrachtet, sondern als Mutter. Auch dieser Übergang wurde mit einem Ritual gefeiert. Dann waren immer wieder Rituale nötig, um Gesundheit und Gedeihen der Kinder zu gewährleisten.

Neben der Funktion des Einweihens in den Ehestand und des Eingliederns in die Familie des Mannes bedeuteten die Rituale für die Iteso-Frau aber noch etwas anderes: Sie sollten der Frau Seelenstärke vermitteln und ihr den Schutz bieten, den sie brauchte gegen die Heerscharen böser Geistermächte, die nach damaliger Vorstellung die Welt bevölkerten. Diese Geister übten ihre Macht in Form von seelischer Besessenheit, Verzauberung, Hexerei oder teuflischer Magie aus. Für Kinder waren sie besonders gefährlich, deshalb brauchte die Frau Rituale, um die Kinder und sich selbst vor dem Einfluß dieser Mächte zu schützen. Abgesehen von ganz besonderen Fällen, die das Eingreifen eines Medizinmannes nötig machten, wurden derartige Rituale ausschließlich von Frauen vorbereitet und durchgeführt. Die junge Frau lernte die Bedeutung der verschiedenen Rituale kennen, so wie sie überhaupt nach und nach in die Verantwortung und Aufgaben ihres neuen Standes hineinwuchs; ja, mit der Zeit wurde sie selbst so kundig in diesem Wissen, daß sie es ihren Schwiegertöchtern weitergeben konnte. Kein Mann hätte je gewagt, in diese häuslichen Rituale einzugreifen, sie zu ändern, anzuzweifeln oder gar, sie selbst durchzuführen. Auf diesem Gebiet besaßen die Frauen unbestrittene Vollmacht.

So wurde in der Iteso-Kultur, wie in der afrikanischen Gesellschaft überhaupt, die Frau auf zwei ganz unterschiedliche Weisen gesehen: Einserseits, jedenfalls wenn sie gesunde Kinder hatte (am liebsten gleich viele Söhne und Töchter), war ihre Stellung als Mutter in der Familie und Gesellschaft gesichert und geehrt. Die Familien des Vaters und des Ehemannes trugen nach Kräften dazu bei, daß die Ehen funktionierten. Eine Frau durfte nicht willkürlich verstoßen oder geschieden werden, denn eine offiziell verheiratete Frau gehörte für immer zu der Familie, in die sie zuerst hineingeheiratet hatte. Es kam vor, daß eine Frau „ekurumane" wurde, d. h. „fremd ging" oder einen anderen Mann heiratete, aber wenn sie zurückkehren wollte, so war ihr erster Ehemann nach der traditionellen Sitte verpflichtet, sie wieder aufzunehmen. Die Polygamie war eine anerkannte Form der Ehe. Alle Frauen in solchen Ehen galten als offizielle Ehefrauen.

Andererseits hatte die Frau außerhalb der Familie und des Hauses keinerlei Einfluß im öffentlichen Leben. Niemals genoß sie die gleichen Rechte wie der Mann. Solange sie im elterlichen Gehöft wohnte, hatten ihr Vater und ihre Brüder praktisch unbeschränkte Entscheidungsbefugnis über sie. Man suchte ihr einen Ehemann, denn ihre Heirat war notwendig, um den Brautpreis einzubringen, den nachher die Brüder für ihre Frauen bezahlen mußten. Der Mann heiratete sie, aber ihre Rolle dabei war rein passiv. Sie mußte die Tabus ihrer eigenen Familie aufgeben und von nun an die Tabus ihres Mannes beachten, denn sie war jetzt ein Glied seiner Familie. Die Kinder gehörten ebenfalls zum Clan des Mannes. Wenn eine Ehe zerbrach, bekam niemals die Frau das Sorgerecht für die Kinder. Entwickelten sich die Kinder gut, so bekam der Mann die Anerkennung dafür; mißrieten sie aber, dann war das immer der Fehler der Frau. Eine kinderlose Ehefrau zu sein, das war wohl das elendeste Schicksal überhaupt für eine Frau.

In jeder Phase ihres Lebens stand die Iteso-Frau im Schatten eines Mannes. Ihr ganzes Dasein wurde von Männern definiert und legalisiert. Erst in ihrer Stellung als Ehefrau und Mutter wurde sie als Person voll anerkannt. Die selbständige, alleinstehende Frau wurde als unnormal betrachtet. Man sah es auch als unnatürlich, ja geradezu als Fluch für eine Frau an, wenn sie ihr Leben lang auf dem väterlichen Gehöft blieb. Man glaubte, so etwas müsse Unglück über das Gehöft des Vaters bringen. Wenn ein Mann starb, dann durfte die Ehefrau ihn nicht beerben. War die Witwe noch jung, dann übernahm sie der nächste Verwandte des Verstorbenen. War sie zu alt, um noch Kinder zu gebären, dann konnte sie wählen, bei welchem ihrer verheirateten Söhne sie wohnen und versorgt werden wollte.

So führten in der traditionellen Iteso-Gesellschaft die Frauen ein ziemlich glückliches und zufriedenes Leben, denn sie lebten und handelten in festgefügten Normen, die niemand infrage stellte. Aber dann kam das Christentum mit seiner frohen Botschaft von der Erlösung. Zu den Itesos kam die christliche Mission in der Form des römisch-katholischen und anglikanischen Bekenntnisses, die beide ziemlich traditionsgebunden und konservativ sind, vor allem in ihren Moralvorstellungen und in ihren Ansichten über die Rolle der Frau, zunächst in der Gesellschaft allgemein, dann aber besonders in der christlichen Gemeinde. Die „Frohe Botschaft" der christlichen Mission brachte für die Frauen Afrikas wohl Schulbildung, aber keine geistliche Erneuerung. Zwar wurde Jesus Christus gepredigt, aber die Frohe Botschaft, die er als Person für die afrikanischen Frauen sein könnte und sein möchte, die blieb den meisten von ihnen verborgen. Die paar wenigen unter ihnen, denen Jesus begegnet wie den Frauen im Neuen Testament (etwa die Samariterin Joh. 4, 2–11, die Ehebrecherin Joh. 8, 2–11 oder die blutflüssige Frau Luk. 8, 40 ff), diese Frauen sind „erlöst" zu einem guten religiösen Lebenswandel, zu echten christlichen Ehen und zur Mitarbeit in kirchlichen Laienorganisationen. Von ihnen kann man sagen, daß sie Christus begegnet sind, der alle Sitten und religiösen Vorschriften übertrat, indem er als Rabbi öffentlich mit Frauen redete und sich gerade an die Frauen wandte, die von der Gesellschaft ausgeschlossen waren. Dadurch gab er ihnen neue Hoffnung und einen neuen guten Sinn für ihr Leben.

Nun will ich auf zwei Gründe eingehen, die es den Frauen so schwer machen, Jesus Christus als Person wirklich zu begegnen: Der eine ist die Auslegung bestimmter Bibeltexte zum Nachteil der Frau; der andere ist die vorwiegend männliche Struktur der verfaßten Kirche und ihrer Leitung.

Die Auslegung bestimmter Bibeltexte

Eine Lehre, die für einen Teil der Afrikanerinnen besonders schmerzhaft war, und die sie aus der Gemeinschaft der Erlösten verdrängte, ist die Auslegung von Matth. 19, 4–6. An dieser Stelle bezeichnet Jesus die Ehe als von Gott eingesetzt und als monogam (2. Mose 2, 18–24). Wenn nun ein Iteso-Mann Christ werden wollte, dann mußte er alle seine Frauen verstoßen bis auf die eine, mit der er das Sakrament der Ehe eingehen wollte. Die ursprüngliche Form der Eheschließung der Iteso, die bisher vor dem Gesetz als verbindlich gegolten hatte, wurde von der Kirche nicht anerkannt. Alle Frauen, die nicht das Glück hatten, zur christlichen Ehefrau gewählt zu werden, wurden mit einem Schlag zu Konkubinen erklärt, und ihre Kinder waren illegitim. Diese bisher zufriedenen Ehefrauen waren plötzlich verstoßen und heimatlos. Zu ihren väterlichen Familien konnten sie nicht zurückkehren. Viele waren bereits zu alt, um nochmals zu heiraten.
Eine Zeitlang schien dieses System zu funktionieren. Besonders die Leute, die bei der Mission arbeiteten und daher von ihr abhängig waren, hielten sich an die Form der Ehe, die von der Kirche vorgeschrieben war. Denn ein Missionsangestellter, der eine zweite Frau heiratete, riskierte damit seinen Arbeitsplatz. Als später der Staat zum Hauptarbeitgeber wurde, nahmen viele Männer, die bisher in Einehe gelebt hatten, eine zweite Frau. Freilich wird die Polygamie durch

die hohen Lebenshaltungskosten in letzter Zeit immer mehr erschwert. Jedoch aufs Ganze gesehen führen die meisten der ländlichen Itesos ihre Ehen noch durchaus nach traditionellem Muster, selbst wenn sie nicht polygam sind.

Eine andere Lehre der Kirche, die eine Unterordnung der Frau betont, ist die Auslegung von Kol. 3, 18 und Eph. 5, 22: „Ihr Frauen, seid untertan euren Männern." Der Zusammenhang mit Eph. 5, 21: „Seid einander untertan in der Furcht Christi" wird gewöhnlich übersehen oder heruntergespielt. Das Gebot an die Männer, ihre Frauen aufopfernd zu lieben, wird kaum einmal erwähnt. Die Kirche hat durch dieses einseitige Hervorheben der Unterordnung der Ehefrau manchen Männern geradezu eine Ausrede dafür geliefert, ihre Frauen nachlässig und selbstherrlich zu behandeln. Mit Nachlässigkeit meine ich hier: die Männer neigen dazu, ihren Frauen untreu zu werden. Sie finden aber, Frauen hätten treu zu sein, weil sie den Männern gehorchen müssen. Der moralische Anspruch an Frauen ist viel höher als der an Männer. Außerdem sind Frauen „selbst schuld", wenn ihre Männer fremd gehen, denn, so heißt es dann, wenn ein Mann eine andere Frau braucht, dann hat die Ehefrau irgendwie versagt. Dieses Argument ist ganz einseitig, denn es übersieht gänzlich, daß in einer Ehe die sexuellen und persönlichen Enttäuschungen oder die mangelnde Erfüllung von Sehnsüchten auf den Mann ebenso wie auf die Frau zurückgehen können. Natürlich wird ein Mann niemals einen Seitensprung seiner Frau dulden, denn das wäre ja eine direkte Beleidigung seiner Oberhoheit.

Da also die Kirche auf die Unterordnung der Frau unter den Mann so großen Wert legt, fühlen sich viele Männer dazu berechtigt, ihre Frauen zu tyrannisieren oder gar zu schlagen. Denn es ist doch nur natürlich, eine Untergebene zu bestrafen, und diese Untergebene hat die Strafe demütig auf sich zu nehmen. Die Kirche hat unserem Volk eine Form der Ehe gepredigt, in der die Frau das Objekt ist, das man bestrafen kann und immer wieder bestrafen soll. Die Erkenntnis, daß Mann und Frau einander in der Ehe ergänzen, ist in der Lehre der Kirche nicht sonderlich fest verankert. Die Kirche bringt den Frauen diese Demutshaltung bei, die sie dazu zwingt, alle Leiden einer Ehe auszuhalten, ja sogar eine unerträgliche Ehe als heilbringendes Martyrium durchzustehen.

In der alten Iteso-Gesellschaft war es durchaus möglich, Grausamkeiten gegen Ehefrauen zu verhindern. Es gab einen Ältestenrat, der häufig Eheprobleme behandelte. Für christliche Ehen gibt es nichts Derartiges, zumal man jetzt eine Ehe als reine Privatangelegenheit zweier Personen betrachtet. Dazu kommt die unterschwellige Ansicht, es sei das Los der Frau, in der Ehe zu leiden, denn so steht es in der Bibel – 1. Tim. 2, 14 –: „Und Adam ward nicht verführt, das Weib aber ward verführt und ist der Übertretung verfallen." Oder 1. Mose 3, 16: „Ich will dir viel Schmerzen machen, wenn du schwanger wirst, mit Schmerzen sollst du Kinder gebären, und dein Verlangen soll nach deinem Manne sein, und er soll dein Herr sein." Es war ja doch die Frau, die durch ihre Sünde alles Übel und Unordnung in die Welt gebracht hat! Sie sollte deshalb alles in Demut ertragen, was das Schicksal ihr auferlegt und es als Teil ihrer Sühne begreifen, weil sie den Mann zur Sünde verführt hat. Häufig wird die Sündenfallgeschichte wörtlich genau so ausgelegt, ohne daß irgendwie auf das kulturelle Umfeld bei der Entstehung dieser Geschichte eingegangen wird. Die revolutionäre Auslegung, die Jesus ihr durch sein eigenes Beispiel gab, wird gar nicht beachtet.
Jesus Christus hätte eigentlich allen Grund gehabt, die Unterdrückung der Frau zu bestätigen. Als jüdischer Rabbi kannte er sicher das tägliche Gebet jüdischer Männer, die Gott dafür danken, daß sie nicht als Sklave, Heide oder Frau geboren worden sind. Er setzte sich jedoch in seinem Umgang mit Frauen offen über diese traditionelle jüdische Anschauung hinweg und begegnete den Frauen mit Verständnis und Achtung. Dies trug ihm den Ruf ein, er sei ein Freund der Sünderinnen. Für die Frauen, die Jesus zu seinen Lebzeiten begegneten, muß er wahrlich eine „Gute Nachricht" gewesen sein!

Die oben genannten biblischen Texte brachten für die Frauen nur die Erkenntnis, daß ihre offenkundig niedrige Stellung zur gottgewollten natürlichen Ordnung der Dinge von Anfang an gehört. Wenn aber einmal zur Sprache kommt, wie Jesus selbst mit Frauen umging, und wenn über die entsprechenden Bibelstellen gepredigt wird, dann wird in einer solchen Predigt kaum erwähnt, wie offen und partnerschaftlich Jesus die Frauen akzeptierte. Es kommt zum Beispiel vor, daß eine Predigt über die Frau, die Jesus mit ihren Tränen die Füße wusch, die Liebe Jesus zu dieser Frau als Person völlig ignoriert, dagegen aber ausführlich bei der Verworfenheit dieser sündigen Person verweilt. Christus wird geschildert als der Mann, der sich barmherzig zu den armen, moralisch schwächeren Frauen hinunterbeugt, denn: Wenn er sie wirklich als gleichwertige Menschen voll ernst genommen hätte, weshalb hat er sie dann nicht unter die Apostel aufgenommen? Dabei übersieht man die Geschichte der Maria Magdalena, die Jesus von sieben bösen Geistern befreit hatte und die der auferstandene Christus beauftragte, die frohe Botschaft seiner Auferstehung seinen Brüdern auszurichten. Damit war also sie die erste Apostelin der Auferstehung.

Das Amt in der Kirche

Die kirchlichen Ämter sind eine überwiegend männliche Sache. Nur Männer werden zu Pfarrern ausgebildet und nur Männer werden zu Priestern geweiht. Zukünftige Priester werden in ihrer Ausbildungszeit gesellschaftlich und menschlich von den Menschen abgesondert, die sie später betreuen sollen. Wenn ein solcher Mann seine Ausbildung abgeschlossen hat, ist er inzwischen für seine Leute ein Fremder geworden. Sie betrachten ihn als einen, der außerhalb und abgehoben von ihrem gewöhnlichen Alltag lebt. Sehr oft verliert er dadurch den Kontakt zum eigentlichen Leben der Menschen.
Während der Ausbildungszeit im Priesterseminar wird ganz

besonders viel Wert auf die sexuelle Moral gelegt. Unter moralischem Fehlverhalten versteht man fast ausschließlich jeden näheren Kontakt zu einer Frau. Geschlechtliche Enthaltsamkeit und Zölibat werden als das wesentliche Merkmal des Priestertums angesehen. Die Männer, die später die Frohe Botschaft des Erlösungswerkes Christi predigen sollen, werden nachdrücklich gewarnt, sie sollten den Frauen aus dem Weg gehen. Denn die Frau ist der Erzfeind für die Berufung in den geweihten Priesterstand. Mit Frauen muß man sachlich und distanziert umgehen. Jungen Frauen gegenüber muß man besonders vorsichtig sein, denn sie üben diese schrecklich verwirrende Macht auf Herz und Gedanken eines jungen Mannes aus. Immer wieder werden in Sonntagspredigten junge Mädchen von der Kanzel herab gerügt, weil sie es gewagt haben, sich irgendwie den Seminaristen zu nähern. So kommt es, daß afrikanische Priester, die dann aus dem Seminar kommen, im allgemeinen nicht die geringste Ahnung haben, wie man Frauen als Personen begegnet.

Mit religiösen und älteren verheirateten Frauen kommen sie noch zurecht, aber bei jungen, unverheirateten Frauen sind sie in größter Verlegenheit. Wenn es einmal vorkommt, daß ein Priester eine junge Frau verführt, dann wird dies von seinem Bischof als ein Fehltritt gnädig vertuscht; die Frau jedoch wird im Grund psychisch und religiös angeklagt, verurteilt und hingerichtet.

In der alten Gesellschaftsform gaben die häuslichen Rituale der Frau Schutz und Halt. Die christliche Mission nahm diese Rituale nicht mehr ernst oder verbot sie sogar. Man verurteilte sie als dämonisch oder abergläubig. Niemand erkannte und schätzte ihre geistliche Heilkraft, gerade für Frauen, deren Leben so voller besonderer Schwierigkeiten ist. Niemand verstand es, Alternativen für diese alten Rituale zu schaffen, und so hinterließen sie eine Lücke, die bis heute schmerzhaft offen steht. Zum Beispiel: Früher konnte die Frau bei einer schweren psychosomatischen Erkrankung eine tradtitionelle Heilerin aufsuchen, die aus ihrer Weisheit und

Erfahrung heraus die Wurzel des Übels erspürte. Diese Heilerin gab dann Anweisungen für ein Ritual, das in den meisten Fällen eine Heilung der Beziehungen bedeutete. Oft war nach der Durchführung dieser Rituale die Patientin geheilt.
Die Kirche kennt keine Form des heilenden Handelns, die dieser alten Tradition entsprechen würde. Die Ankunft des Christentums und der westlichen Zivilisation löste für die afrikanische Frau den Zusammenbruch ihres Weltbildes aus. Es zerstörte die Existenzgrundlage der in polygamer Ehe lebenden Frauen. Im Christentum waren die traditionellen Heilerinnen als dämonisch verpönt. Die ganze afrikanische Kultur wurde als „heidnisch" abgelehnt. Die Menschen Afrikas mußten westliche Sitten annehmen, um überhaupt Christen sein zu können, z. B. die Namensgebung, die Kleidung, die Umgangsformen, das Bildungssystem, ja sogar das Begräbnis: alles mußte „christlich" werden.
Dieser Umbruch auf allen Gebieten verursachte schwere Spannungen. Das Christentum nahm die Afrikaner ja nicht aus ihrer afrikanischen Umwelt heraus, und diese paßte nicht zusammen mit der neuen Welt des Christentums. Die Heilkunst beschränkte sich jetzt ausschließlich auf körperliche Krankheiten. Die neuen Krankenhäuser machten zwar den Leib gesund, kümmerten sich aber nicht um Seele und Geist. Um geistliche Heilung zu finden, mußte man zu einem Priester gehen, aber die Priester verstanden ja nichts von psychosomatischen Erkrankungen, an denen die Menschen litten, besonders Frauen. Ohnehin wird kaum eine Frau je einen Priester um Rat bitten.

Nun gibt es eine wachsende Zahl alleinstehender Afrikanerinnen, die ehelos leben und auch keinem Orden angehören. Die meisten dieser Frauen sind gebildet und Expertinnen in ihrem Beruf. Aus irgendeinem Grund konnten sie sich nicht an die von der Gesellschaft vorgesehene Lebensform anpassen. Manche von ihnen hätten ihre Begabungen gern in den Dienst der Kirche gestellt, aber die Kirche nimmt, wie gesagt, nicht gern Frauen in ihre Ämter auf. Sehr viele von diesen

Frauen müssen mit besonderen Schwierigkeiten kämpfen, als Alleinerziehende, Witwe, Geschiedene oder als Partnerin eines problematischen Mannes. Eigentlich sollte es selbstverständlich sein, daß eine alleinstehende Mutter in der Gemeinde freundlich aufgenommen wird, aber so ist es nicht: Uneheliche Mütter werden angesehen, als seien sie dauernd im Stand der Sünde. Da sie einmal gefallen sind, gibt man ihnen fast keine Möglichkeit, sich aufzurichten und in einer menschlichen Umgebung zu leben, die ihnen Wärme und Verständnis entgegenbringt. Im Gegenteil, man prangert sie an als Menschen, deren Umgang man vermeiden sollte und deren abschreckendes Beispiel den anderen zur Warnung dienen sollte. Wenn ein Mann eine solche Sünde begeht und danach bekennt, vergibt man ihm eher als einer Frau, die aus Einsamkeit oder Nachgiebigkeit (oder weil sie geschickt verführt wurde) zur unehelichen Mutter wurde.
Die alleinstehende Frau hat das schreckliche Schicksal der gesellschaftlichen Außenseiterin vor sich. Sie ist völlig auf sich selbst angewiesen. Für eine solche Frau ist es so gut wie unmöglich, von einem Priester geistliche Hilfe und Leitung zu bekommen, denn erstens kann kaum ein Priester sich in die Lage einer alleinstehenden Frau hineindenken, und zweitens würden die häufigen Besuche einer Frau, selbst wenn sie ganz harmlos wären, sofort zu üblem Gerede führen. Für solche Frauen ist es nicht leicht, dem Christus zu begegnen, der den Gefangenen Befreiung bringt. In ihrem einsamen Kampf ums Überleben merken sie nichts von dem lebendigen Jesus, der gerade für sie sorgt.
Für die Mehrzahl der afrikanischen Frauen ist die frohe Botschaft in der Person Jesu Christi immer noch unzugänglich. Erst wenn sich die Strukturen der Kirche von Grund auf ändern, werden auch Frauen endlich die Befreiung erlangen, für die der Sohn Gottes in den Tod ging. Erst dann wird sich das Leben der Menschen in Afrika zum Guten wenden.

Die Frauen der Kirche und der Auftrag der Kirche

Mercy Oduyoye

Verfolgt nicht eure eigenen Interessen, sondern seht auch auf das, was den anderen nützt. PHIL. 2, 4

In meinen Ausführungen befasse ich mich vor allem mit dem Begriff des Opfers aus der Sicht christlicher Theologie. Dazu gehören auch meine Erfahrungen von vielen Frauenschicksalen als „lebendige Opfer". Beim Nachdenken darüber beschränke ich mich auf den Auftrag der Kirche in Afrika; wie unter einer Lupe betrachte ich das, was bis jetzt getan worden ist und was getan werden müßte.
Wenn ich über Frauen der Kirche rede, will ich mich nicht in ekklesiologische Spitzfindigkeiten verlieren. Ich verstehe unter „Kirche" die ganze sichtbare Christenheit mit all ihren Konfessionsfamilien und Organisationen in Afrika (und anderswo), einschließlich der „charismatischen Kirchen". (Das sind christliche Gemeinden, die aus der Evangelisationsarbeit von Afrikanern entstanden sind, die vom Geist Jesu getrieben waren. Diese Kirchen werden häufig Unabhängige Kirchen genannt.)

In der ersten Gemeinde, die von Jesus selbst berufen und die Urzelle der späteren Kirche war, gab es sehr wohl Frauen. Zwar wird nirgends ein Beschluß Jesu überliefert, auch Frauen in die Gemeinde zu berufen, aber die Evangelien berichten eindeutig davon, daß von Anfang an Frauen zur Gemeinde Christi gehörten. Für mich sind Frauen also keine Außenseiter, die „in die Kirche" kommen, um „eine Rolle zu spielen" und dann wieder verschwinden; deshalb mag ich auch nicht von der „Rolle der Frau in der Kirche" sprechen.

Mit „Frauen der Kirche"* meine ich alle Gläubigen, die in der Nachfolge Jesu christlichen Idealen nachstreben und sie verwirklichen wollen und die zugleich zu dem durch Gottes Weisheit gewollten biologisch notwendigen weiblichen Teil der Menschheit gehören. Wie bei den Kirchenmännern gibt es auch unter den Kirchenfrauen Hauptamtliche und Ehrenamtliche. Einige stehen in leitenden Ämtern der Kirche, doch alle dienen der Kirche mit den Gaben, die sie empfangen haben. (Vgl. hierzu die Veröffentlichung „Taufe, Eucharistie und Amt", Faith and Order Papier Nr. 111, Weltkirchenrat, Genf, 1982).
Kirchenfrauen kommen aus allen Gesellschaftsschichten und aus allen Berufen, sie sind freiberuflich, akademisch oder handwerklich tätig, alleinstehend oder verheiratet. Was immer diese Frauen tun, eines haben sie gemeinsam: Sie nehmen ihre Zugehörigkeit zur Kirche ernst und wissen sich berufen, der Kirche zu dienen, indem sie geistliche Speise austeilen oder auch empfangen. Kirchenfrauen wie Kirchenmänner sind dazu berufen – weil sie beide zusammen wichtige Teile des Leibes Christi sind – in der Welt „eine Rolle zu spielen", da sich ihre Gegenwart immer auswirkt. Selbst da, wo zwischen Kirche und Welt keine Trennungslinie mehr gezogen werden kann, behalten Frauen stets ihre Bedeutung – einfach durch ihr Wirken.

Der Auftrag

Jesus hat Menschen dazu berufen, das Wort vom Reich Gottes in der Welt auszubreiten. Es ist Aufgabe der Kirche, dies zu tun und selbst beispielhaft die Form einer menschlichen Gemeinschaft zu verwirklichen, die ganz dem Willen Gottes verpflichtet ist. Als sichtbare Gemeinschaft der Gläubigen ist die Kirche zu einer priesterlichen Doppelfunktion berufen: die Welt vor Gott und Gott vor der Welt zu vertreten. Sie soll Sakrament und Zeugnis des Reiches Gottes sein.

* [im folgenden als „Kirchenfrauen" bezeichnet, d. Ü.]

Wenn sie diese Berufung erfüllt, kann es geschehen, daß die Kirche sich ganz in der Welt verliert, doch für Christen gilt ja: Wer sein Leben verliert für Christus und sein Reich, der wird es wiedergewinnen und erneuern, denn es wird verändert werden, so wie es selbst die Welt verändert. Die Kirche ist da, um das Reich Gottes in der Welt auszurufen und zu leben, und zwar offen und zielbewußt. Diese profetische Aufgabe soll sie nicht nur mit Worten erfüllen, die in der Luft hängen oder bestenfalls ein Beitrag zur allgemeinen öffentlichen Diskussion sind, sondern mit Worten, die Fleisch werden: mit Taten. Die Kirche ist dazu berufen, die neue Menschheit zu gebären – wie die Mutter unseres Herrn.
Die Art und Weise, wie die Botschaft verkündigt wird, ist untrennbar verbunden mit dem Inhalt der Botschaft. Hierin ist für mich die Berufung der Christen zur Selbstverleugnung begründet, zum Verzicht auf Privilegien und zur Annahme eines einfachen Lebensstils, dessen Reichtum nicht nur darin besteht, arm im Geist zu sein, sondern wirklich eine Kirche der Armen zu sein, um des Reiches Gottes willen. Wie Mission betrieben wird, ist mit der Haltung einer christlichen Braut zu vergleichen, die bereit ist, in gegenseitiger Unterordnung mit einem liebenden Ehemann einen Hausstand zu führen, dessen Haupt Christus ist. Christliche Mission sollte in dem Geist geschehen, wie ihn Paulus für die Frau in der Gemeinde vorschreibt: sie sagt nichts in der Öffentlichkeit und führt ein bescheidenes, den Normen der Gemeinschaft entsprechendes Leben, in dem Bewußtsein, die Beziehung zwischen Christus und der Kirche wiederzuspiegeln.

Meine Frage ist nun: Nimmt die Kirche in Afrika all dies wirklich ernst? Sie kann die Liebe und Weisheit Gottes ja nicht so hinterfragen, wie dies etwa eine Frau sehr wohl im Blick auf die Unfehlbarkeit des Mannes tun kann, dem sie gehorchen soll. Wir haben keinen Grund, daran zu zweifeln, daß das Reich Gottes unsere höchste Lebenserfüllung ist. Dagegen bezweifeln Frauen durchaus berechtigt den „Standard" der Menschheit, wie sie ihn im Patriarchat erleben, als die bestmögliche Lebensordnung, denn das wäre eine Ordnung, die einem Leben vor Gott möglichst ähnlich wäre. Das Gebot von Markus 10, 42–45 wird in dieser Ordnung keineswegs erfüllt. Unser Herr ging in der Ausübung seiner Vollmacht so weit, daß er sein Leben opferte, um viele zu befreien. So handeln wir als Kirche nicht.

Die Kirche hat sich, wie eine Braut, auf ein risikoreiches Unterfangen eingelassen, das völligen Verzicht und Selbstverleugnung verlangt, um der Herrlichkeit des Gottesreiches willen.

Christen sind die Menschen, die sich von Gott einspannen lassen für seine Arbeit, die Menschheit zu einem Volk unter Gottes Führung zu machen. Eine Ehefrau mag sich der Liebe ihres Mannes vielleicht nicht ganz sicher sein, aber die Kirche hat die Gewißheit der unwandelbaren Liebe Gottes und kann ihren Auftrag deshalb zuversichtlich anpacken, im Geist der schlechthinigen Abhängigkeit von Gott. Anders als eine Ehefrau hat die Kirche die Zusicherung, daß sie erst dann wirklich Kirche ist, wenn sie ganz im lebendigen Christus aufgeht (wenn sie „in Christus" ist). Sie soll daher ohne Wenn und Aber dem Ruf zu einem wahrhaft menschlichen Leben folgen – einer Lebensform, die in der überlieferten Gesellschaftsordnung meist den Frauen zugewiesen worden ist. Die Kirche als Ganzes soll das Lied „Im Dienst des Herrn" (Charles Wesley) singen. So wird die Rolle der Frau zum Vorbild für die Rolle der Kirche; ebenso wie Maria, die Mutter Jesu, und „die anderen Frauen, die ihm nachfolgten", zu Beispielen werden, nicht nur für Kirchenfrauen, sondern für alle Christen.

In der Welt hat die Kirche einen Auftrag, und die Christen verstehen sich als Gesandte Christi. Sich senden zu lassen, das bedeutet immer: eine Sache aufgeben, um eine andere Sache anzupacken. Dazu gehört die bedingungslose, uneingeschränkte Hingabe an diese Sache und der Verzicht auf vieles, damit man den neuen Auftrag erfüllen kann. Deshalb sind Christen als Einzelne und als Kirche zu einem Leben des Opfers berufen.

Wenn Gott Menschen beruft, so gibt er ihnen ganz konkrete Aufträge, die nach Art und Intensität den Umständen entsprechend sehr unterschiedlich sein können. Deshalb will ich das Folgende im Kontext des heutigen Afrika verstanden wissen und zu diesem Zweck kurz auf die Bedeutung des Opfers in der ursprünglichen Religion Afrikas eingehen. Vor diesem Hintergrund können wir dann auch die Aufopferung der afrikanischen Frau in der Kirche besser verstehen.

Das Opfer als religiöse Handlung spielt eine zentrale Rolle im ursprünglichen afrikanischen Weltbild. In ihm äußert sich das religiöse Bewußtsein der Abhängigkeit von einer Wirklichkeit, die jenseits der normalen menschlichen Erfahrungswelt liegt. Wenn sich also diese Menschen in einer lebensbedrohlichen Krise befinden, so rufen sie nach einem Opfer, wobei häufig Frauen am eifrigsten darauf drängen, denn ihre „erste und Hauptsorge ist das Wohlergehen der Familie", wie S. N. Ezeanya in einem Aufsatz feststellt. Als Beispiel nennt er die Igbo-Frauen:

> „Häufig befragen sie den Wahrsager, der dann ein Opfer vorschreibt. Und dann sind es wieder die Frauen, die als erste das notwendige Geld oder sonstige Zutaten aufbringen und die vorgeschriebene Opferhandlung mit dem Priester verabreden."

Bei den Igbos wurden Mbaris (bestimmte Kunstwerke) hergestellt und als Opfer gebracht. Es wird also nicht nur Eigentum geopfert, sondern auch Zeit, Kunstfertigkeit und gemeinsame Arbeit. Manche Sagen und Legenden berichten sogar, daß in besonders schrecklichen Notfällen auch Menschen geopfert wurden, um Gesundheit, Wohlergehen und Sicherheit für die Gemeinschaft wiederzugewinnen. Gleichgültig, ob es sich um einen Akt der Sühne oder um die Erfüllung eines Gelübdes handelt, man verspricht sich jedesmal vom Opfer die Wiederherstellung von Harmonie und Lebensfülle.

Werden bei einem Opfer Gegenstände oder Tiere dargebracht, so beruht die erwartete Wirkung des Opfers nicht im Entschluß des Geopferten, sondern in dem der Opfernden, die etwas von ihrem Eigentum dahingeben in der Erwartung, dafür etwas Gutes zu erlangen. Dabei haben sie die Möglichkeit, zu wählen und dann frei die Entscheidung treffen, die ihrer Meinung nach dem Willen Gottes entspricht. Die Opferhandlung selbst bedeutet das Eingeständnis der eigenen Sündhaftigkeit und die Bereitschaft, die Vergebung Gottes zu suchen und zu empfangen, indem wir unseren eigenen Weg verlassen und dem Weg Gottes folgen. Die rituellen Handlungen sind ein sichtbares Zeichen dafür, daß wir unseren falschen Stolz und unsere unpassende Selbstherrlichkeit aufgeben. Das Dankopfer, bei dem nach afrikanischer Tradition alle Leute zum Essen eingeladen und Geschenke verteilt werden, ist geprägt vom Bewußtsein, daß Teilen und gemeinsame Mahlzeiten wesentlich zum Leben der Gemeinschaft gehören. In der traditionellen afrikanischen Gesellschaft wird man erst dadurch zur Person, daß man irgendwo „dazugehört", wobei „dazugehören" bedeutet, daß man alles für das Wohlergehen dieser Gruppe tut und alles vermeidet, was „mmusu" (Lebensbedrohung) für sie bedeuten könnte. Erfolg und Niederlagen sind nicht Sache des Individuums, sondern der ganzen Gemeinschaft. Dies führt dann dazu, daß viele Frauen sich offenbar mit Verhältnissen abfinden, die sie als Einzelpersonen niemals akzeptieren würden.

Nach den sozio-kulturellen Wertbegriffen des traditionellen Afrika führen Frauen ein ihrer Bestimmung gemäßes Leben, wenn sie sich ganz in die Frauenrolle fügen, die von der Gesellschaft erwartet wird, nämlich für den physischen Fortbestand der Menschheit zu sorgen. Man braucht nur die Nachrufe auf Frauen in den Zeitungen Nigerias zu lesen, um zu wissen, was von einer Frau erwartet wird – eine gute Ehefrau und Mutter zu sein. Bei den matriarchalischen Akan in Ghana ist „Mutter" der Ursprung der Gemeinschaft. Dies wird dem Bewußtsein des Volkes etwa durch Sprichwörter eingeprägt wie: „Nsamanpow mu soduro, wo ni wu a w'abusua asa", was, frei übersetzt, bedeutet: „Ist die Mutter nicht mehr da, zerbricht die Familie." So wird ganz selbstverständlich vorausgesetzt, daß die Frau der Mörtel ist, der die Gesellschaft zusammenhält. Aber was bedeutet nun hier Gesellschaft und was bedeutet Mörtel? Ist die Frau einfach eine Art Katalysator, der Vorgänge verursacht, ohne sich dabei selbst zu verändern; oder ist sie eine Art „Garantin der gesellschaftlichen Stabilität", die ganz in sich selbst ruht, unbeirrt von den Umbrüchen und Veränderungen ihrer Umgebung? Dies sind nicht etwa rhetorische Fragen, nein, sie geben die wichtigsten Argumente aus den Diskussionen über die eigentliche oder gewünschte Rolle der Frau wider. So heißt es z. B. bei O. M. Onibukun in einem Papier, das im November 1982 bei einer Konferenz in Nigeria vorgelegt wurde:

> „In unserer Gesellschaft bringen Frauen die meisten Opfer für das Gemeinwohl, indem sie zum Beispiel am Erhalt ihrer Ehen arbeiten. Verheiratete Frauen gestalten das Leben für ihren Ehemann bequemer und erfreulicher, indem sie ihm Köchin, Haushälterin, Mutter seiner Kinder, Waschfrau, Freundin, Spielgefährtin, Ratgeberin und vieles mehr sind. Diese Frauen opfern ihre berufliche Laufbahn und ihre Ziele zugunsten der Männer; kurz gesagt: Frauen verhelfen den Männern zum Erfolg."

Onibukun betont dann, daß Frauen einen Dienst an der Gesellschaft leisten, der „entscheidend wichtig ist für die Erhaltung des Status Quo": Sie opfern Zeit und Geld für Behinderte und Alte, ja, es wird von Onibukun sogar hervorgehoben, daß sie „Nöte der Gesellschaft, die nicht offen erwähnt werden", lindern, indem sie sich etwa zur Prostitution hergeben und dadurch den unerfreulichen Begleiterscheinungen frustrierter Bedürfnisse vorbeugen.
Die Autorin ist offenbar ganz zufrieden mit diesem Stand der Dinge, denn sie kommt zu dem Schluß:

> „Wenn Frauen besser ausgebildet werden, dann können sie diese Kenntnisse nützen, um damit ihrem Mann, den Kindern und der Gesellschaft besser zu dienen."

Ich gehe auf diese Schrift deshalb so ausführlich ein, weil sie die Selbstaufopferung ausdrückt, die in Afrika allgemein als Rolle der Frau angesehen wird. Zwar habe ich nichts dagegen, daß man für andere leben soll, aber ich hege größte

Zweifel an der Qualität der hier geforderten Lebensform, und ich frage: Welche Maßstäbe werden eigentlich angelegt, wenn es darum geht, gerade für Frauen ein Leben, das diesen Namen verdient, zu ermöglichen?

Betrachten wir einmal die Ursachen, die dazu führen, daß Frauen die Ehe so verherrlichen und diese Einrichtung samt ihren fragwürdigen Normen und Begleiterscheinungen so eifrig fördern und verteidigen. Man sagt, sie wollten das Beste für die Kinder. Dies mag ein sehr edles, selbstverleugnendes Motiv sein; aber welche Schäden richtet eine schlechte Ehe in den Seelen der aus ihr hervorgegangenen Kinder an? Geht es wirklich um die Kinder, oder geht es nicht vielmehr um den Stolz, der ein Mißlingen der Ehe nicht zugeben möchte, oder um die Angst vor der wirtschaftlichen Unsicherheit nach einer Scheidung? Wem zuliebe wird eine schlechte Ehe aufrechterhalten, wegen der Entwicklung der heranwachsenden Kinder oder dem Stolz der Frau? Andererseits haben wir auch gesehen, daß manche Frauen ein durchaus sinnvolles Opfer bringen, wenn sie um ihrer Familie willen auf öffentliches und berufliches Vorwärtskommen verzichten und dabei sogar, wie es häufig geschieht, ihre „persönliche Identität" verlieren. Sie geben das größte Geschenk, das sie haben, ihr Leben, damit andere besser leben können. Manche Frauen bringen selbst bewußt ein solches Opfer, andere werden ungefragt geopfert.

Da ich in einem methodistischen Pfarrhaus in Ghana aufgewachsen bin, ist mir die Redensart von den „Grundpfeilern der Kirche" sehr vertraut. Damit sind die Frauen gemeint, die sich der Arbeit in der Gemeinde widmen als zuverlässige Stützen, die im wahren Sinn des Wortes das Dach der Kirche tragen, mit Geld und Arbeitseinsatz, aber auch mit der stillen Stärke der Säulen einer Kathedrale. Wenn sie wirklich einmal den Mund auftun, dann erzittert das ganze Gebäude der Kirche in einer – meiner Ansicht nach unnötigen – Angst: der Angst, die imposante Struktur der Unterdrückung könnte in sich zusammenfallen. Es ist auch eine unchristliche Angst, denn sie kann nicht glauben, daß aus den Trümmern des eingestürzten Gebäudes ein neues, passenderes Bauwerk entstehen könnte. Wenn diese Angst die Kirche lahmlegen könnte, so wäre das in meinen Augen das Eingeständnis, daß menschliche Sündhaftigkeit stärker ist als Gottes Wille. Wobei das sicherlich eine Aussage ist, zu der sich kein Christ bekennen wird, nach der aber viele ihr tägliches Leben einrichten.

So kommt es, daß in der Kirche,wie auch in der Gesellschaft, der Frau als „Hüterin der Tradition" die Rolle des Erhaltens zufällt. Das bedeutet einerseits, Überliefertes zu wiederholen und andererseits, keine neuen Initiativen zu ergreifen. Für diesen Verzicht gibt es keinen historischen oder anthropologischen Grund. Er kommt nicht allein in der dörflichen Gesellschaft zum tragen, sondern gilt für die Frauen in allen Lebensbereichen des heutigen Afrika. Von jeder dieser Frauen wird Selbstverleugnung verlangt, um bessere Entwicklungsmöglichkeiten für andere zu schaffen. Frauen sollen alles liegen und stehen lassen, etwa um ihren Mann zu begleiten, wenn er im Ausland studiert; deshalb sind in den Stipendien für Männer jeweils die Kosten für die begleitende Ehefrau enthalten, was umgekehrt für Frauen nicht zutrifft. Man nimmt an, *ihre* Anwesenheit werde *ihm* das Studium erleichtern; dagegen kommt aber kein Mensch auf die Idee, *seine* Anwesenheit könnte für *ihr* Studium gut sein.

Die Grundvorstellung ist offensichtlich, daß die Frau den Mann ergänzt, während sie allein durchaus vollständig ist. In beiden Fällen ist also die Frau eine Art „Opferlamm".

Ihre Karriere und ihre eigenen Interessen werden nur in soweit gefördert, wie es für „ihn" zuträglich ist. Es gibt sehr wenig Institutionen, die davon ausgehen, daß auch einmal ein Ehemann seine Frau begleiten sollte und dies außerdem noch gern täte. All das Gerede vom Erhalt der Familie bezieht sich auf die übliche Vorstellung vom trauten Heim, wo der Mann die Frau versorgt und sie zum Dank seinen Interessen dient, in der Hoffnung, daß seine Interessen sich zum Teil mit den ihren decken.

So gehört also die Selbstverleugnung zum Leben der Frau unabwendbar hinzu. Sie lebt in einer Art fortwährender „kenosis" (wörtlich: das Leerwerden, das Nichtswerden), weil dies von ihr verlangt wird, nicht etwa aus freien Stücken wie Christus, der „wie Gott war, aber diesen Vorzug nicht als einen unaufgebbaren Besitz betrachtete, sondern aus freiem Entschluß alles aufgab und wie ein Sklave wurde" (Phil. 2, 6–7).

Meiner Ansicht nach hat diese „kenosis", die von Frauen erwartet wird und die sie auch erfüllen, Männer zu den Architekten der Geschichte gemacht. Denn zum Guten wie zum Bösen stabilisieren die Frauen jeweils die von Männern geschaffenen Zustände. Deshalb kann ich in ihrer Aufopferung überhaupt nichts Rührendes oder Romantisches sehen. Aufopferung ist in meinen Augen nur dann geboten, wenn das Reich Gottes sichtbar gemacht werden soll; in diesem Fall betrifft es Männer und Frauen der Kirche gleichermaßen.

Ob es nun um Selbst-Opferung geht oder um ein Geopfert-Werden: in jedem Fall ist die Art des Beitrags von Frauen in Kirche und Gesellschaft ein Zeichen für die Notwendigkeit des Opfers für die Erfüllung des christlichen Auftrags.

Die Kirche hat schon immer die gesellschaftlich anerkannte Bestimmung der Frau unterstrichen, für das „Überleben" zuständig zu sein. Dies gebot auch Paulus den Frauen von Korinth. Diese Vorstellung sitzt so tief, daß die Kirche es als „Ausnahmefall" abtut, wenn man ihr beweist, daß etwa in der Urgemeinde Frauen Leitungsfunktionen ausübten. Wenn die heutige Öffentlichkeit es für ungerechtfertigt hält, daß Frauen an den Rand der Gesellschaft gedrängt werden, dann erklärt die Kirche, sie brauche sich nicht dem Diktat der öffentlichen Meinung zu fügen. Angesichts dieser Unbelehrbarkeit und dieses starren Festhaltens an der Tradition hat schon manche Frau darauf verzichtet, ein leitendes Amt in der Kirche anzustreben oder sich ordinieren zu lassen, um nicht zu einem Stein des Anstoßes für die „schwachen Brüder" zu werden. Dies ist dieselbe Geisteshaltung, die Frauen davon abhält, ihre eigene Persönlichkeit und ihre

Gaben zu entfalten, zugunsten der Familie und in Anpassung an die ungeschriebenen Gesetze der Gesellschaft.

Die Kirche, die „leer" wird

Geschieht ein solches Opfer der Frau so bewußt wie oben geschildert, dann kann man von einem „vernünftigen" Opfer sprechen, denn es wird aus Vernunftgründen gebracht. Dieses bewußte Opfer möchte ich einen Weg der Selbstentäußerung nennen.

In den letzten Jahren haben einige afrikanische Frauen den Ruf in ein leitendes Amt der Kirche angenommen, wurden von ihrer Kirchenleitung anerkannt und tun ihren Dienst nun im Rahmen der Ordnungen dieser Kirche. Vielleicht bewirken diese Frauen hie und da eine positive Änderung unseres traditionellen Autoritätsbegriffs im Blick auf die Kirchenleitung; möglicherweise brauchen sie kein anderes Opfer zu bringen außer dem, daß man sie als ein wenig exzentrisch betrachtet in einer konservativen Gesellschaft, in der die Frau als Ebenbild Gottes nicht ernstgenommen wird.

Am wichtigsten jedoch ist die Schar der vielen ungenannten Frauen und Männer, die – als Laien – die Botschaft des Glaubens weitertragen. Deren Rolle wird in ekklesiologischen Abhandlungen in einem Nebensatz als „Priestertum aller Gläubigen" erwähnt, doch über dessen Konsequenzen wird wohlweislich nicht viel nachgedacht.

Zu dieser Laienarbeit tragen Frauen den größten Teil bei, ohne auf die Kosten zu sehen; oft werden sie auch an Entscheidungsprozessen überhaupt nicht beteiligt. Für diese Kirchenfrauen ist die Kirche zu einem Altar geworden, auf dem sie opfern oder selbst geopfert werden. Ich möchte hier nicht theologisch auf die positiven und negativen Seiten dieses Frauenverhaltens eingehen. Es stellt sich jedoch die Frage, ob nicht der Auftrag der Kirche grundsätzlich besser eingebracht, verbreitet und durchgeführt werden könnte, wenn *alle* ihre Glieder, nicht nur die Frauen, in diesem Geist der Selbstentäußerung handeln würden. Meiner Meinung nach könnte die Kirche viel überzeugender als Werkzeug Christi leben, wenn sie sich an das Vorbild dieser, sich selbst entäußernden Frau halten würde, und damit an das Vorbild Christi. Aus Liebe zur Gemeinschaft hält die Frau die Struktur der Gesellschaft zusammen, indem sie sich selbst hingibt. Dieses Leben für andere, ja, dieses „sein Leben lassen für die Freunde“ ist der letztgültige Ausdruck einer „größeren Liebe“, die, genau betrachtet, der einzige Wirkstoff ist, der Gottes großes Ziel einer neuen Menschheit in einer neuen Gemeinschaft näher bringen kann: „Siehe, ich mache alles neu.“

Jesus, als Grund und Ziel des Auftrags der Kirche, erlaubt uns keine falschen Illusionen über die Lasten, die Gott der Kirche auferlegt, wenn sie sein Königreich ausbreiten will. Er selbst führte ja seinen Erlösungsauftrag in ständiger Ergebung in den Willen Gottes aus, dem er sich aus freien Stücken unterwarf, nachdem er seine Gottgleichheit abgelegt hatte, wie es der eingangs zitierte Hymnus im Philipperbrief ausdrückt.
Was bedeutet nun Selbstentäußerung für die Kirche? Soviel ich sehe, bekennt die Kirche zwar Tod und Auferstehung Jesu Christi als einen Hinweis auf die Macht der Machtlosigkeit, aber sie selbst, wenigstens in Afrika, klammert sich an die Macht. Obwohl der Herr denjenigen wahres Leben verheißt, die bereit sind, um seinetwillen ihr Leben zu opfern, hält die Kirche mit ihren Institutionen doch so verzweifelt an der Macht fest, als ob es um ihr Leben ginge. In den Ländern, in denen die Kirche zur Konfession der ehemaligen Kolonialmacht gehört, (z. B. die anglikanische Kirche in den britischen, die römisch-katholische in den spanischen und portugiesischen Kolonien) wird oft vermutet, die Kirche werde an Boden verlieren, wenn bei öffentlichen Anlässen heute der christliche Anstrich fehle. Ich höre, daß Christen sich aufregen, wenn der Gottesdienst einmal in der Moschee statt in der Kirche stattfinden soll. Es geht um das Prestige. Ähnlich besorgt reagiert man, wenn der Staat kirchliche Einrichtungen wie Spitäler und Schulen übernimmt, obwohl

sie die Kirche doch so viel Kraft gekostet haben, daß über neue Ansätze kaum noch nachgedacht werden konnte, etwa, wie der Auftrag der Kirche, zu heilen und zu lehren, besser, missionarischer befolgt werden könnte. In solchen Fällen sollte man sich auf die Frau als Vorbild besinnen. Da ihr Leben ein Dienst an anderen ist, entwickeln Frauen oft ganz neue Lebensformen, in dem Bewußtsein, daß ihr eigenes Leben reicher wird, wenn sie anderen helfen.

– Manche Frauen, die in jungen Jahren Hausfrau und Mutter gewesen sind, ordnen ihr Leben so, daß sie mit 40 anfangen zu studieren, manchmal zusammen mit ihren heranwachsenden Kindern. Oder sie machen eine andere Ausbildung, zur Freude der ganzen Familie.
– Frauen, die während der großen Feiertage an Haus und Herd gebunden sind, machen sich diese Pflicht zum Vergnügen, indem sie besonders seltene Leckerbissen zubereiten, wozu sie normalerweise nicht kommen. Dann gibt es ein fröhliches Festmahl für alle und, was noch wichtiger ist: anstelle eines gewöhnlichen Essens gegen den Hunger hat die Frau ein Kunstwerk geschaffen.
– Frauen, die in Kriegszeiten auf sich selbst gestellt waren (die Männer waren Soldaten oder schon tot), haben bewiesen, daß die Geschichte keine reine Männerangelegenheit ist. Sie schufen neue Berufe, die man später „Frauenberufe“ nannte, in die jetzt gelegentlich auch Männer einsteigen (wie etwa Krankenschwester oder Sekretärin).
– Frauen, die merken, daß sie grundlos „geopfert“ werden, fangen an, sich zu wehren und suchen durch Gespräche, diese Situation zu verändern.

Frauen tun dies alles, weil sie als ganze und wirkliche Menschen geschaffen sind und deshalb Fähigkeiten haben, nicht nur sich anzupassen, um zu überleben, sondern auch, selbst schöpferisch zu sein als Töchter des Schöpfer-Gottes. Manche Frauen, die über ihre „raison d'être“ (ihren Sinn des Lebens) nachdenken, erkennen, daß sie sich für den Fortbestand einer lebensfähigen Gesellschaft aufopfern müssen. Ihre Lage ist die der jungen Maria, die sich dem Willen Gottes unterordnete und so zur „theotokos“ (Gottesgebärerin) wurde. Eine Christusgebärende Kirche müßte sich selbst entleeren von allem Imponiergehabe, von Eigensucht und vor allem von der Todesfurcht, ganz zu schweigen von prunkvollem Auftreten bei öffentlichen Anlässen. Die Kirche müßte wie das junge Mädchen sein, das die Schande einer unehelichen Schwangerschaft ebenso auf sich nahm wie den Verzicht auf eine „Hochzeit in Weiß“, von der sie in ihrer Jugend geträumt hatte; einzig und allein im Vertrauen auf die Zusage eines Engels, daß sie im Dienst Gottes stehe.

Die auferlegte Last der Kirche

Sobald die Kirche eine solche Opferhaltung annimmt, wird sie das nicht nur zur Unterstützung ihrer Mission tun, nein, sie wird selbst ein Teil dieser Mission werden. In vielen Ländern Afrikas wächst der Abstand zwischen den materiell Wohlhabenden und der Masse der Armen, die irgendwie überleben. Nun gibt es hier Kirchen, die Gottes Gaben für sich aufhäufen, z. B. Land, Geld oder Gebäude, die nur teilweise oder gar nicht benützt werden. Es ist Land, das bepflanzt oder für Gemeinschaftsprojekte verwendet werden könnte; Gebäude, die nur für ein paar Stunden benützt werden, obwohl es an Unterrichtsräumen fehlt; Geld, das für importierte Orgelpfeifen ausgegeben wird, obwohl die Jugendarbeit mehr und mehr verkümmert. Würden diese Dinge geopfert, dann kämen die Christen ganz allein dem „lebendigen Opfer“ näher, das sie doch sein möchten.
In dem sozialen, politischen und wirtschaftlichen Gefüge Afrikas sind die Armen und Schwachen fast immer die Hauptleidtragenden bei politischen und wirtschaftlichen Umbrüchen. Die Kirche aber hat eine gute Botschaft auszurichten für alle Armen, Unterdrückten, Gefangenen und Behinderten. Wie soll sie diese Botschaft ausrichten? Es bedeutet ein Risiko, für die Armen zu sprechen oder für die Entrechteten und die Stimmlosen. Albert van den Heuvel, ein ehemaliger Direktor der Jugendabteilung des Ökumeni-

schen Rates der Kirchen, hielt in den 60er Jahren einmal eine Rede vor dem christlichen Studentenbund über das Thema: „Die Demut der Kirche". Darin sagt er:

„Die Demut der Kirche ist ihre raison d'être (ihr Daseinszweck). Das eigentlich Demütigende ist die Tatsache, daß wir uns weigern, uns zu demütigen. Stellt euch vor, wie das wäre, wenn die Kirche wirklich den Anweisungen des Neuen Testaments gehorchen würde und ein Selbstverständnis hätte wie eine Sklavin, die gekauft wurde, um für die Menschheit zu arbeiten. Dieser Herausforderung müssen wir uns stellen."

Um „Sklavin der Menschheit" zu werden, muß die Kirche Afrikas ihre Sicherheit opfern und Verleumdungen oder gar Verfolgung auf sich nehmen. Wenn sie daran geht, gegen die verhängnisvollen Auswirkungen von multinationalen und transnationalen Unternehmen (einschließlich der konfessionellen Weltbünde) zu kämpfen, dann bekommt sie es bald mit denen zu tun, die die Fäden der Macht in Händen halten, und mit denen, die von diesen Systemen abhängig sind. Diese weltweiten Organisationen tragen Merkmale, die man eindeutig imperialistisch nennen muß, betreiben sie doch den Aufbau von „Imperien", d. h. von Machtbereichen, in denen ihr Einfluß allein regiert. Möglicherweise müssen einige Kirchen Afrikas auf die bequeme Sicherheit im Schoß ihrer „Konfessionsfamilie" verzichten, damit sie vor Ort glaubwürdiger und wirksamer auftreten können. Menschen, die es auf sich nehmen, das Reich Gottes zu verkündigen, tun es in der Überzeugung, daß gerade an ihrem Ort das Evangelium eine „befreiende Kraft" ist.

Sich selbst zum Opfer bringen

Kommen wir noch einmal auf unser Beispiel von Frauenleben zurück, dann stellen wir fest, daß sowohl in der Gesellschaft als auch in der Kirche manche Frauen geopfert werden, damit die Verhältnisse so bleiben, wie sie sind. Das Zögern vieler Kirchen, die Ordination von Frauen anzugehen, gehört unter das Stichwort: „Frauen werden geopfert".

Da die Geistesgaben, einschließlich der Verantwortung in einem kirchlichen Amt, nur innerhalb des kirchlichen Systems zum tragen kommen, können also Bischöfe und Synoden den Frauen tatsächlich verbieten, dem Ruf des Heiligen Geistes zu folgen. Die Frage ist nun, ob durch die Verabsolutierung der überlieferten Ordnungen das männliche Ego unterstützt werden muß, oder ob befürchtet wird, daß bei einem Rütteln an der Tradition deren ganzes Fundament zusammenbrechen könnte.
Frauen werden außerdem geopfert auf dem Altar der Einheit. Die Christenheit ist ja aus verschiedenen Gründen nicht imstande, eine sichtbare Einheit zuwege zu bringen. Nun hat sie sich offenbar entschlossen, die Ordination von Frauen zu opfern unter dem Vorwand: Die Forderung, Frauen zu ordinieren und in leitende Kirchenämter zu berufen, würde die ohnehin schwierigen Gespräche zur Einheit noch zusätzlich belasten und komplizieren. Eine irische Nonne sagte dazu: »Wenn die Anglikaner wirklich von der Notwendigkeit der Frauenordination überzeugt wären, dann würden sie den Standpunkt der Orthodoxen und Katholiken theologisch hinterfragen, statt sich ihm einfach zu beugen." Ich teile die Ansicht dieser Nonne. Wieder einmal sind also Frauen geopfert worden.
In diese Sackgasse ist die Kirche meiner Ansicht nach dadurch geraten, daß sie das ordinierte Amt mit so viel Macht ausstattete. Die Ordination wird als Führungsposition, der ordinierte Amtsträger als Autorität verstanden; in dieser Rolle kann man sich eine Frau schlecht vorstellen. Andererseits könnten die Kirchen den Begriff „Autorität" auch mit den Augen von Frauen sehen, denn in ihrem Leben bedeutet „exousia" (wörtlich: Vollmacht) in erster Linie „Verantwortung".
Die Aufgaben von Frauen in Kirche und Gesellschaft werden mit der Vollmacht der Liebe ausgeführt, im Gegensatz zum männlichen Verständnis von „exousia", der „Herrschaft". Würde die „exousia" der kirchlichen Mitarbeiter mehr in dieser weiblichen Weise verstanden, dann würde ihr Auftrag sicher deutlicher erkennbar sein.

Deshalb meine These: Wenn die Kirche als Werkzeug Christi wirksamer leben und arbeiten will, dann muß sie sich an dem Beispiel eines sich aufopfernden Frauenlebens orientieren. Nicht um sich (passiv) opfern zu lassen, sondern durch die bewußte Entscheidung, ein lebendiges Opfer zu werden, indem sie aus freien Stücken ihr Kreuz auf sich nimmt. In dieser Weise folgt sie ihrem Herrn nach, der sein Leben hingab, um das Reich Gottes durch Wort und Tat zu verkündigen.
Was ich aber in Wirklichkeit vor mir sehe, ist eine Kirche, die von ihren Gliedern zum Altar der Anpassung geführt wird; eine Kirche, die jedem wirtschaftlichen und politischen Druck nachgibt und sich brav den Anweisungen ihrer jeweiligen Autoritäten fügt. Die Kirche kommt mir vor wie ein passives Opferlamm, nicht wie ein lebendiges, aktives Opfer.
Die Kirche ist nicht etwa Märtyrerin, denn es fehlt ihr an mutigem Bekennen in entscheidenden Situationen; nein, sie bringt nur schwächliche Ergebung auf. Infolgedessen bewirkt die Kirche in Afrika praktisch nichts mehr. Man läßt sie ungeschoren, denn man kann sie schnell zum Schweigen bringen. Durch dieses Verhalten verliert sie ihre prophetische Kraft und nimmt unchristliche Zustände schweigend oder gar zustimmend hin, z. B. den Rassismus in Südafrika, die Unterdrückung bestimmter Volksgruppen, die krasse Vernachlässigung ländlicher Gebiete oder die fatalen Versäumnisse in der Bildungs- und Beschäftigungspolitik. So kommt es, daß in manchen Ländern die Kirche im großen Chor derer mitsingt, die ihre Regierung loben – auch wenn diese Regierungen kein Lob verdienen. Selbst wenn sie einmal ein angebrachtes Wort zu bestimmten Problemen äußert, wird man den Verdacht nicht los, sie könne sich ein solches Wort aus ihrer gesicherten bürgerlichen Stellung heraus eben leisten. So werden ihre wortgewaltigen Bußpredigten gegen Bestechung, Begünstigung und den allgemeinen Verfall der Moral schon gar nicht mehr groß beachtet; man sagt eben: „Die haben gut reden.“

Wir haben nun den Auftrag der Kirche in der Form des Opfers betrachtet und uns dabei am Leben von Frauen in Afrika orientiert. Wir haben Erfahrungen von Frauen in der Kirche kennengelernt, die nicht nur für Afrika gelten, sondern in vielen Ländern und Kirchen ähnlich sind. Wir haben versucht zu unterscheiden zwischen dem aktiven Darbringen eines Opfers und dem passiven Geopfert-Werden, wobei wir die Kirche und die Christen ermutigen wollten, das erstere zu tun und das letztere zu vermeiden. Das allein ist die angemessene Haltung für Menschen, die ihre Rettung und ihren Auftrag der Selbstentäußerung Jesu Christi verdanken. Im weiteren haben wir unsere Solidarität mit der Welt bekannt, für die Christus gestorben ist; denn an dieses Opfer werden wir ja bei jeder Feier des Abendmahls erinnert.
In heutiger Zeit finden sich die Menschen nicht mehr einfach ab mit ihrer materiellen Armut, als ob sie ein gottgewolltes Schicksal oder gar die Folge ihrer Faulheit wäre. Heute gibt es in Afrika Menschen, die bereit sind zu sterben für ihre eigene Menschenwürde und für die anderer Menschen. Die Kirche kann sich mit dieser Welt nur dann glaubwürdig solidarisch zeigen, wenn sie ein Ort wird, wo die Armen, die Stimmlosen und die Ohnmächtigen das Recht zu reden bekommen und für ihren Kampf gegen die Mächte der Menschenverachtung gestärkt werden. Die Kirche ist beauftragt, nach dem Reich Gottes und seiner Gerechtigkeit zu streben. Dabei hat „Gerechtigkeit" nicht nur die paulinische Bedeutung von Rechtfertigung durch die Gnade Gottes, sondern auch von gerechten Verhältnissen unter den Menschen und vor allem ihre rechte Beziehung zu Gott. Deshalb soll gerechtes Handeln und gerechtes Leben zu einem festverankerten Wesensmerkmal unserer Kirche werden – und nicht mehr nur als leere Worte von den Kanzeln tönen.
Wenn wir bereit sind, auf allen Prunk und unsere gesicherte Stellung in der Gesellschaft zu verzichten und stattdessen Demut annehmen; wenn wir klug sind wie die Schlangen und ohne Falsch wie die Tauben, dann wird aus uns eine Kirche, die wirklich missionarisch ist.

Rolle und Stellung der Frauen in den Kirchen Asiens

Virginia Fabella

Ich betrachte eine Frau in Asien:

„Sie hat ein rundliches Gesicht," aber es ist hinter einem Schleier verborgen.
„Sie hat mandelförmige Augen," die tagsüber schlafen, weil sie die ganze Nacht lang Männer unterhalten hat.
„Sie hat eine kleine Nase," die sich an den Gestank der Slums und den Smog der Großstadt gewöhnt hat.
„Sie hat kurze Beine" – oder sind es einfach die „Hinterbeine des Elefanten"?
„Sie ist klein gewachsen," und sie wird durch die doppelte und dreifache Belastung noch mehr heruntergedrückt.
„Sie ist elegant und anmutig," aber das bemerkt niemand, denn sie ist unentwegt damit beschäftigt, Befehle auszuführen, Befehle von Männern.*

Erkennt ihr sie? Vielleicht wendet ihr ein, dies beziehe sich nur auf die unterdrückte Frau in Asien. Aber ist nicht die unterdrückte Frau unsere Schwester? Ist sie nicht ein Teil von uns selbst?
Meiner Ansicht nach haben alle Christen im Grund denselben Auftrag, ob sie nun Laien oder Theologen, Frauen oder Männer sind, nämlich den, die Aufgabe Jesu in die Welt weiterzuführen. Diese Aufgabe Jesu ist klar zusammengefaßt in Joh. 10, 10: „Ich bin gekommen, daß sie das Leben und volle Genüge haben." Dies ist Gottes Plan für die Menschen,

* Das Zitat stammt aus der Rede von Schwester Kim Ok Hy über „Die Frauen in der Geschichte der Katholischen Kirche Koreas," die sie bei der 7. Konferenz der Religionen Asiens gehalten hat. Die Redewendung „Hinterbeine des Elefanten" bezieht sich auf ein Thailändisches Sprichwort: „Männer sind die Vorderbeine des Elefanten und Frauen die Hinterbeine."

wie es der Heilige Ireneus in seinem berühmten Wort ausdrückte: „Die Herrlichkeit Gottes ist das wahrhaft erfüllte Leben der Menschen."
Wir in Asien sind doppelt verpflichtet, diesen Auftrag ernstzunehmen, denn gerade bei uns ist das Leben der Mehrheit des Volkes so vielfach eingeschränkt durch Armut, Abhängigkeit, unerträgliche Wohnverhältnisse und die Aussichtslosigkeit, irgendwann aus dem Elend herauszukommen. Zusammen mit allen Menschen, die ihren christlichen Glauben ernstnehmen, haben wir diesen einen Auftrag, unseren asiatischen Geschwistern zu helfen, daß sie die Fülle des Lebens erlangen, die Jesus verheißen hat.

Wenn ich nun über die Frauen in der Kirche nachdenke, will ich dies in zwei Abschnitten tun:
1) die Frauen der Kirche als Jüngerinnen und
2) die Frauen der Kirche als Frauen.
Der erste Abschnitt enthält drei Teile: Maria als Vorbild der Jüngerschaft; die Jüngerinnen der frühen Kirche als Gleichgestellte; christliche Jüngerinnen in Asien.
Der zweite Abschnitt hat die entsprechenden Teile: Maria als Vorbild des Frauseins; der Unterschied zwischen gleichberechtigt und komplementär; die Rolle der Frau bei der Inkulturation* und bei der Befreiung.

Also zunächst: *die Jüngerschaft*. Da alle Menschen zur Nachfolge berufen sind, betrifft das Folgende Frauen und Männer gleichermaßen. Im allgemeinen ist ein Jünger ein Mensch, der die Lehren eines anderen für sich selbst annimmt und bei anderen für sie wirbt. Die Verfasser der Evangelien sind sich darin einig, daß der wahre Jünger Jesu ein Mensch ist, der Gottes Wort hört und danach handelt. Bei Lukas ist Maria, die Mutter Jesu, die erste und beispielhafte Jüngerin. Er stellt sie als junges Mädchen dar, das bei der Verkündigung die

* Inkulturation heißt der Vorgang, in dem Verkündigung und Ausübung des christlichen Glaubens in die Ausdrucksweise und die Formen der einheimischen Kultur gekleidet werden. (Anm. d. Übers.)

Berufung des Heiligen Geistes erkennt und annimmt; als junge Frau, die Gottes Wort im Herzen bewegt und mutig und klar danach handelt, immer bereit, ihren Mitmenschen zu helfen; und später, zu Pfingsten, wird sie vom Geist der Weissagung und der Gerechtigkeit erfüllt wie die anderen Jünger.

Allzulange wurde Maria ausschließlich als Jungfrau und Mutter gesehen, kaum einmal als Jüngerin. Jedoch für Jesus selbst war die leibliche Mutterschaft – soviel sie bedeuten mag – nicht das eigentlich Wichtige an seiner Mutter. Für Jesus ist die Nachfolge ausschlaggebend und nicht die Verwandtschaft. Er zeigte auf seine Jünger und sagte: „Dies sind meine Mutter und meine Brüder. Denn alle, die den Willen meines Vaters im Himmel tun, die sind meine Brüder und Schwestern und meine Mutter" (Matt. 12, 49–50). Das Besondere an Maria war nicht, daß sie Jesus geboren hatte, sondern daß sie dem Wort Gottes gehorchte und damit als Jüngerin zu einem Glied in der Familie Jesu wurde. Deshalb bleibt Maria ein Vorbild für alle Christen, nicht so sehr wegen ihrer Mutterschaft als vielmehr wegen ihres Glaubens und ihrer Nachfolge.

In der Gemeinschaft von Jüngern, die Jesus um sich versammelte, waren ohne Zweifel mehrere Frauen. Dies schließen wir aus den spärlichen Hinweisen des Neuen Testaments. Da wir wissen, wie ausschließlich die Verfasser des Neuen Testaments auf die Welt der Männer hin orientiert waren, können wir uns vorstellen, daß die Frauengeschichten in den Evangelien nur eine Auswahl von dem sind, was den Verfassern damals an Berichten zur Verfügung stand. Was die Verfasser dabei am wenigsten hervorhoben, war die Tatsache, daß Frauen gleichberechtigt zur ersten Jüngergemeinde gehörten und es auch noch für einige Zeit in der frühen Christenheit blieben. Eine historische Untersuchung, die sich nicht nur auf den männlichen Bereich bezieht, stellt fest, daß in der frühen Kirchengeschichte Frauen anerkannte Jüngerinnen, Missionarinnen, Prophetinnen und Kirchenführerinnen waren, also Apostelinnen in jeder Weise.

So berichtete die Neutestamentlerin Elizabeth Schüssler-Fiorenza:

„Das neue Selbstverständnis der Christen setzte sich über alle hergebrachten Formen der Beherrschung hinweg, die von der Religion, der Gesellschaft und dem Patriarchat ausgeübt wurden. So wurde es möglich, daß nicht nur Heiden und Sklaven, sondern auch Frauen in der städtischen Missionsbewegung Führungspositionen einnahmen. In diesem großen Aufbruch waren die Frauen nicht etwa Randfiguren, sondern leitende Missionarinnen, Gründerinnen christlicher Gemeinden, Apostelinnen, Prophetinnen und Kirchenführerinnen." (In: Union Seminary Quarterly Review, Bd. 33, 3 u. 4, 1978.)

Zum Beispiel war Junia, zusammen mit ihrem Ehemann Andronikus, eine einflußreiche Missionarin und anerkannte Apostelin, sogar schon vor der Zeit des Paulus (Röm. 16, 7). Phöbe war eine Mitarbeiterin des Paulus, sehr wahrscheinlich offizielle Priesterin und Lehrerin in der Gemeinde Cenchreae, und ihre Autorität wurde sogar von Paulus selbst anerkannt (Röm. 16, 1–3). Nympha war Gründerin und Leiterin einer Hausgemeinde in Laodicea (Kol. 4, 15). Diese wenigen Beispiele aus den Paulusbriefen geben uns einen kleinen Einblick in die geschwisterliche Gemeindeform der ersten Christenheit, die allerdings später der zunehmenden Verhärtung (in patriarchalische oder hierarchische Formen) zum Opfer fiel, als sich die Kirche den patriarchalischen und hierarchischen Strukturen der griechisch-römischen Gesellschaft anpaßte.

Oft wird behauptet, diese fortschreitende Vermännlichung der Kirche in Theologie und Arbeitsweise sei unvermeidbar gewesen und heute nicht mehr rückgängig zu machen. Demgegenüber sollten alle Gläubigen, die diese neuen Erkenntnisse über Strukturen und Verhaltensweisen der frühen Christenheit gewonnen haben, sich wirksam dafür einsetzen, daß der gegenwärtige Zustand verändert wird. Wir können doch in der Nachfolge Jesu nicht einerseits nach einem erfüllten Leben für alle streben, und uns andererseits damit abfinden, daß es Ungleichheit und ein Oben und Unten in der Kirche selbst gibt, die dem Reich Gottes und

seiner Gerechtigkeit verpflichtet ist! Deshalb ist eine gemeinsame Anstrengung notwendig, um die ursprüngliche Form der „ecclesia" wiederherzustellen, zu der alle Christen, Männer und Frauen, gleichberechtigt zählten.
Die in jüngster Zeit vielfach entstehenden Basisgemeinden oder Kommunitäten sind dieser „geschwisterlichen" Form von „ecclesia" näher als die traditionellen Kirchen mit ihren hierarchischen Strukturen. Deshalb sollten diese Basisgemeinden gefördert werden, vorallem in ländlichen oder vernachlässigten Randgebieten, denn aus ihnen könnte eine lebendige und zukunftsweisende Form christlicher Nachfolge für Männer und Frauen erwachsen.

Bis jetzt haben wir über Jüngerschaft innerhalb unserer Kirche und unseres Glaubens nachgedacht. Aber ebenso wichtig ist es, daß wir uns über Jüngerschaft in Beziehung zum ganzen asiatischen Kontinent Gedanken machen. Asien ist unter allen Erdteilen der reichhaltigste und verworrenste, und doch zeigen sich schon beim flüchtigen Betrachten zwei charakteristische Merkmale: einerseits die beklemmende Armut und Unterdrückung der großen Mehrheit der Bevölkerung, und andererseits die reiche Vielfalt kultureller und religiöser Traditionen. Diese beiden Seiten unserer Wirklichkeit müssen wir im Auge behalten, wenn wir in der asiatischen Welt sinnvoll wirken wollen, wenn wir das Streben unserer Völker nach einem wirklich menschenwürdigen Leben ernsthaft begleiten wollen und wenn wir unseren Glauben und die Konsequenzen daraus so leben wollen, wie es den Verhältnissen Asiens entspricht.
Auf diese beiden Besonderheiten der Wirklichkeit Asiens reagieren die Christen in zweifacher Weise:

1) Angesichts der weitverbreiteten Armut und Unterdrükkung setzten sie sich für Gerechtigkeit ein und arbeiten mit an der Veränderung des Sozialgefüges.
2) Angesichts der kulturellen und religiösen Vielfalt versuchen sie, im Dialog mit Andersgläubigen, ihren Glauben in den kulturellen Formen Asiens auszudrücken.

Bei ihrer Konferenz über „Evangelisation im heutigen Asien" im Jahr 1974 erkannten die Bischöfe die Notwendigkeit dieser beiden Formen der Nachfolge. Sie betonten, daß die Evangelisation in Asien das Entstehen wirklich einheimischer Kirchen zum Ziel haben sollte, und meinten damit, die Kirche müsse den überlieferten und lebendigen kulturellen Sitten und Ausdrucksformen des jeweiligen Volkes entsprechen, um sich tief im Empfinden der Menschen zu verwurzeln und um wirksam teilzuhaben an dem, was diese Menschen bewegt, was sie denken, was ihnen wichtig ist, was sie hoffen. Zugleich stellten die Bischöfe fest, daß eine wirklich einheimische asiatische Kirche unbedingt den Dialog mit den Armen aufnehmen müsse, denn Asien besteht zum größten Teil aus benachteiligten und ausgebeuteten Bevölkerungsgruppen, denen die Möglichkeit und materiellen Mittel für ein erfülltes menschenwürdiges Leben verwehrt sind. Dies bezeichneten die Bischöfe als „Dialog des Lebens", d. h. Dialog mit den Armen – womit nicht so sehr die Arbeit *für* die Armen, als vielmehr die Arbeit *mit* den Armen gemeint ist, indem man von ihnen lernt und mit ihnen zusammen für eine Änderung der lebensfeindlichen Verhältnisse kämpft, die sie bis jetzt in Entbehrung und Ohnmacht gefangen halten.

So sind es also die beiden wichtigsten Aufgaben der Kirche in Asien, einerseits die Inkulturation des Glaubens im Gespräch mit Andersgläubigen zu betreiben und andererseits, an der Befreiung aus den ungerechten Strukturen der Gesellschaft mitzuarbeiten. Leider werden diese Aufgaben, die an sich als zwei Bereiche der einen Evangelisation zusammengehören, häufig als ganz isolierte Arbeitsfelder oder, noch schlimmer, als Gegensätze betrachtet. Es kommt vor, daß die Mitarbeiter der beiden Bereiche einander mißtrauen oder abfällig übereinander reden: Die Vertreter der „Inkulturation" sehen die Vertreter der Befreiung als rein politische Aktivisten an, die nichts mehr mit dem Evangelium zu tun haben; und die Vertreter der Befreiung betrachten die Arbeit für die Inkulturation als einen überflüssigen Luxus, den man sich nicht

leisten sollte in einem Erdteil, der nach Gerechtigkeit und Menschenwürde geradezu schreit.
Aber halten wir uns doch an das Beispiel der Menschwerdung Jesu. Der Sohn Gottes nahm ja nicht nur menschliche Gestalt an, sondern er begab sich ganz und gar hinein in das damalige Leben und in die Kultur des jüdischen Volkes. Erst dadurch, daß er sich in den damaligen Sitten und Vorstellungen auskannte, wurde er zum befreienden Herrn des Evangeliums, indem er Männer und Frauen aus den unterdrükkenden religiösen und gesellschaftlichen Traditionen und Verhältnissen erlöste. Am Beispiel des Lebens Jesu wird deutlich, was für ein Fehler es wäre, die beiden großen Ziele der Inkulturation und der Befreiung voneinander zu trennen. Auch Michael Amaladoss, ein indischer Jesuit, sieht ihren engen Zusammenhang. In seinem Vortrag über „Inkulturation", den er 1984 vor leitenden Geistlichen in Rom hielt, sagte er, gegenwärtig sei ein erweitertes und vertieftes Verständnis der Inkulturation geboten, um „dem Entstehen einer neuen menschlichen Gesellschaft" zum Durchbruch zu verhelfen, „in der man das Evangelium ungehindert aufnehmen kann, und in der die Arbeit am Dialog, an der Befreiung und am Aufbau der Gemeinschaft möglich wird" ...
Eigentlich haben Inkulturation und Befreiung vieles gemeinsam: Sie streben beide nach Freiheit von Fremdherrschaft, Abhängigkeit und ungewollten Einflüssen. Befreiung, das bedeutet das Abschütteln einer fremden Gewalt, in erster Linie politischer und wirtschaftlicher Art, dann aber auch auf kulturellem Gebiet. Hier muß nun die Inkulturation untersuchen, ob bestimmte Elemente unseres Glaubens im Grund nur Begriffe westlicher Weltanschauung sind und ob bestimmte Teile der kirchlichen Praxis nicht doch mehr „römisch" als „katholisch" sind.
Amaladoss weist in dem oben erwähnten Vortrag auch darauf hin, daß die Inkulturation nicht Sache von einigen wenigen Experten bleiben kann (hier können wir übertragen: nicht Sache von ein paar religiösen Männern und Frauen), denn wenn wirklich der Aufbau einer neuen menschlichen Gemeinschaft angestrebt wird, muß sich das ganze Volk

daran beteiligen. Ebenso kann auch die Befreiung nur wirklich erreicht werden, wenn das Volk selber darum kämpft, nicht nur eine kleine Gruppe der Elite.
Für uns Christen in Asien gilt also: Erst durch unsere Arbeit an der Inkulturation und an der Befreiung können wir hoffen, als Kirchen tatsächlich etwas für Asien zu bedeuten. Erst dann sind wir wirklich eigenständige Kirchen, deren geistliches Leben und theologisches Denken in Asien verwurzelt sind.

Nach dem, was ich bis jetzt gesagt habe, stellt sich die Frage, ob es für uns Frauen der Kirche in Asien überhaupt noch zusätzliche Aufgaben gibt. Meiner Ansicht nach sollte kein Dienst oder Amt der Kirche ausschließlich den Männern oder den Frauen vorbehalten sein. Jedoch, solange die Kirche noch so tief in patriarchalischen Strukturen und Traditionen gefangen ist, müssen die Frauen allerdings eigenverantwortlich für sich selbst eintreten, damit sie eines Tages ihre rechtmäßige Stellung in Kirche und Gesellschaft antreten können.
Im ersten Abschnitt haben wir festgestellt, daß Maria durch all die Jahrhunderte in erster Linie als „Jungfrau“ und „Mutter“ dargestellt wurde. Die Jüngerschaft der Maria wurde bis in die jüngste Zeit kaum beachtet. Ebensowenig hat man bisher über Maria als *Frau* nachgedacht. Im Evangelium des Johannes ist Maria am Anfang und am Ende des öffentlichen Wirkens Jesu dabei, nämlich bei der Hochzeit in Kana und unter dem Kreuz. Beidesmal spricht Jesus seine Mutter an, aber nicht mit „Mutter“, sondern mit „Frau“. Kürzlich verfaßten einige (katholische und evangelische) Bibelforscher ein Buch über Maria, in dem sie feststellen, daß die Anrede „Frau“ für die eigene Mutter zur Zeit Jesu in Israel durchaus nicht üblich war. Jesus hat auch andere Frauen so angesprochen, aber man kann nicht sagen, er habe diese Anrede ausschließlich benützt, z. B. als er Maria Magdalena nach der Auferstehung anredete, da sagte er „Frau“, aber auch ihren Namen. Sicherlich hat Jesus diese Anrede „Frau“ auch nicht irgendwie herabwürdigend gebraucht, denn es steht ja nir-

gends geschrieben, er habe sich jemals gegenüber Frauen ablehnend, herablassend oder abschätzig verhalten, wogegen er bekanntlich die religiösen Würdenträger, lauter Männer, sehr scharf kritisierte, gelegentlich sogar den Petrus. Offensichtlich war also für Jesus der Ausdruck „Frau" eine respektvolle Art der Anrede, und wenn er so zu seiner Mutter sagt, so bedeutet das, daß er ihr Frausein hochachtet und daß dieses in seinen Augen wichtiger ist als ihre Mutterschaft.

Eine solche Wertschätzung hat das Frau-Sein in den vergangenen Jahrhunderten allerdings nicht erfahren, auch nicht in der Christenheit. Die Geschichte zeigt, daß die Religion geradezu als Mittel benützt wurde, um die Frauen in Unterordnung zu halten, und man weiß ja, daß alle großen Religionen heute die Frauen auf verschiedene Weise diskriminieren. Leider macht die christliche Kirche darin keine Ausnahme.
Die katholische Kirche z. B. trägt durch ihre Darstellung der Maria seit Jahrhunderten dazu bei, daß Frauen in demütiger Unterordnung gehalten werden, besonders in der Kirche. Maria wird geschildert als ein stilles, sanftes, zurückgezogenes, fügsames, passives, demütiges Wesen, eine „mater dolorosa". Im Grund ist dieses Marienbild das männliche Wunschbild von Weiblichkeit schlechthin, das uns aufgebürdet wurde, und das viele von uns nun selbst als Ideal zu verwirklichen suchten. In letzter Zeit jedoch fangen Frauen an, sich die Bibel ohne den Umweg über männliche Ausleger zu eigen zu machen, und sie entdecken, wie falsch Maria bisher dargestellt wurde. Sie begegnen der Maria in den Evangelien, vor allem im Magnificat, als einer gläubigen und klugen Frau, zärtlich und aufmerksam, und zugleich klar und entschieden, einer Frau von tiefem Mitgefühl, aber auch von großem Mut, einer Frau, die Initiative ergreift, Opfer bringt und Risiken eingeht, um Gottes Wort zu erfüllen. Für immer mehr Frauen – und hoffentlich auch für uns – ist dies das eigentliche Bild der Maria: eine wirkliche Jüngerin, und vor allem eine wirkliche Frau.

Meiner Ansicht nach sind wir Frauen in der Kirche dafür verantwortlich, daß das Bild der Maria neu gezeichnet wird, sodaß es dem Evangelium besser entspricht, so wie es die erwähnten Bibelforscher entdeckt haben. Denn wenn wir weiterhin das bisherige verzerrte Marienbild verherrlichen, dann bedeutet das: Wir verstärken ein entstellendes, einschränkendes, vielleicht sogar unmenschliches Bild der Weiblichkeit überhaupt.
Wenn aber das Bild der Maria so offensichtlich verändert wurde, liegt die Vermutung nahe, daß auch andere Berichte des Evangeliums entstellt werden, wenn ausschließlich Männer sie erklären. Deshalb ist es notwendig, die Bibel mit den Augen von Frauen neu zu lesen, damit Frauen wie Männer ihre befreiende Botschaft neu begreifen lernen. Ich hoffe, die kirchlichen Organisationen ermöglichen es einigen ihrer Glieder, solche Bibelstudien zu betreiben, um mit einem wirklich inklusiven Verständnis biblischer Texte ernst zu machen, d. h.: das Wort Gottes nicht nur mit den Augen von Frauen, sondern mit den Augen Asiens zu lesen. Allzulange Zeit war eben die Auslegung der Heiligen Schrift eine ausschließlich männliche und westliche Angelegenheit.

Im ersten Abschnitt haben wir darüber gesprochen, daß in der frühen Christenheit die Jünger und Jüngerinnen gleichberechtigt waren. Niemand bestreitet den Unterschied zwischen den Geschlechtern, aber feststeht, das beides Menschen sind, nach dem Bilde Gottes geschaffen. Beide haben den Auftrag, die Erde zu bewahren und über die Schöpfung zu herrschen – jedoch nicht übereinander.
Es geht also nicht darum, daß Frauen gleich sein wollen wie Männer. Es geht darum, daß Gott, der liebende und gerechte Schöpfer, den Menschen als Mann und als Frau erschaffen hat. Und Jesus wollte, daß sie alle das Leben in Fülle haben, nicht nur die Hälfte der Menschheit.

Es muß deutlich werden, daß gegenseitige Ergänzung nicht unbedingt Gleichberechtigung bedeutet. Wir erinnern uns aus der Geometrie in der Schule, daß Winkel komplementär sind, wenn sie zusammen 90 Grad ausmachen. Dabei spielt es keine Rolle, ob der eine 80 Grad und der andere nur zehn Grad hat. Wenn jemand betont, daß Frauen und Männer komplementäre Aufgaben in der Kirche haben, sollten wir genau hinhören, ob damit gemeint ist, daß Männer die Leitungsämter und Frauen die dienenden Rollen übernehmen sollen, d. h. daß Männer die Entscheidungen treffen und Frauen sie ausführen sollen. Nein, eine gleichberechtigte Zusammenarbeit bedeutet, daß Männer und Frauen gemeinsam über Fragen entscheiden, die sie ja beide angehen; es bedeutet aber auch, daß beide sich an den Aufgaben der „geistlichen Mutterschaft", d. h. der Diakonie beteiligen. Denn sie sind beide zur Nächstenliebe berufen, damit auch der Nächste die Fülle des Lebens erfährt. Wenn es schon Unterschiede in Ämtern und Diensten gibt, dann sollten diese aufgrund von Begabung und Fähigkeiten gemacht werden, nicht aufgrund des Geschlechts. Solange in der Kirche also die Männer noch allein herrschen, haben die Frauen der Kirche die zusätzliche Aufgabe, auf diesen Unterschied zwischen Gleichberechtigung und Komplementarität hinzuweisen, wenn jemand die letztere so sehr anpreist. Das Reden von der Vielfalt der Dienste hat erst dann einen Wert, wenn es die Gleichberechtigung mit einschließt.

Schließlich haben wir über Inkulturation und Befreiung, die beiden Aufgaben der Christen im heutigen Asien, gesprochen. Inkulturation bedeutet mehr als reine Anpassung. Man versteht darunter häufig das Gespräch zwischen Evangelium und Kultur. Aber wir müssen uns hüten, daß wir in unserer Begeisterung für die Inkulturation nicht vergessen, daß wir auch kritische Fragen an die Kultur zu stellen haben. Manche Elemente in den Kulturen und Religionen wirken sich unterdrückend und entwürdigend aus, besonders für Frauen. Wenn Frauen in der Kirche sich mit den Fragen der Inkulturation befassen, sollten sie darauf achten, daß im Laufe dieser sicherlich jahrelangen Arbeit die einheimischen kulturellen Sitten und Anschauungen gründlich erforscht werden, um herauszufinden, was davon zu Leben und Freiheit verhilft und was daran die Menschen nur einengt und sich selbst entfremdet. Allerdings sollten wir denselben Maßstab auch an unsere eigene Kirche anlegen. Überhaupt ist es eine Grundvoraussetzung für die Arbeit an der Inkulturation ebenso wie an der Befreiung, daß man das soziale, politische, wirtschaftliche, kulturelle und religiöse Umfeld der betroffenen Menschen ganz genau kennenlernt.

Die Frauen der Kirche haben also einen wichtigen Beitrag zur Arbeit an Gerechtigkeit und Befreiung zu leisten. Denn die Menschen, die in Asien am meisten leiden, sind die Frauen. Sie werden am meisten ausgebeutet und entrechtet, geschunden und versklavt. Aber in letzter Zeit haben sich Arbeiterinnen der verschiedensten Bereiche zusammengeschlossen, um für ihre Menschenwürde und ihre Rechte, ja für eine gerechte Befreiung überhaupt zu kämpfen. Wir Frauen der Kirche sollten nicht abseits stehen, wenn diese Frauen nach Gerechtigkeit, Gleichheit und Freiheit streben, denn wir haben ja das selbe Ziel. Alle Frauen sollen in unserer Gesellschaft die gleichen Rechte haben wie Männer. Wir sollten uns einmal fragen, weshalb wir diese Frauen meist nur durch unsere Fürbitte unterstützen und weshalb wir so zögern, aktiv in ihrem Kampf um gleiche Rechte und ein menschlicheres Leben mitzuarbeiten. Wir Frauen der Kirche sollten die Augen offen halten für neue Möglichkeiten der Zusammenarbeit mit anderen Frauen, die auf unsere Unterstützung, Solidarität, Aufmerksamkeit und Freundschaft angewiesen sind. In Asien gibt es zahllose solcher Frauen.
Als gläubige Frauen sind wir bereit, der Kritik standzuhalten und ganz neue Wege der Nachfolge zu gehen, wenn wir damit unseren benachteiligten Schwestern auf den Farmen, in den Fabriken und in den Küchen helfen können. Oder suchen wir am Ende Ausreden, wenn sie uns um Hilfe bitten, indem wir sagen, so etwas gehöre nicht zu unserem kirchlichen Auftrag? Jesus sprach einmal zu den Pharisäern und Schriftgelehrten: „Gar fein hebt ihr Gottes Gebot auf, auf daß ihr eure Satzungen haltet!" (Markus 7, 9).
Das Ziel der Frauen in ihrem Kampf um Freiheit und Gleichberechtigung in Kirche und Gesellschaft ist nicht etwa, zu

werden wie die Männer, oder gar an ihrer Stelle zu Unterdrückern zu werden. Nein, das eigentliche Ziel unseres Kampfes ist eine gerechte und menschenfreundliche Gesellschaft für *alle*, eine Gesellschaft, die das Reich Gottes widerspiegelt, ein Reich, in dem Liebe, Wahrheit, Gerechtigkeit und Frieden wohnen. Aber diese Befreiung kommt nur, wenn wir einsehen, daß wir sie brauchen, wenn wir sie wirklich wollen und wenn wir bereit sind, dafür zu kämpfen – gemeinsam mit vielen anderen Frauen.
Noch einmal betrachte ich die Frau in Asien:

Sie hat ein rundliches Gesicht und eine kleine Nase.
Sie hat kurze Beine und ist klein gewachsen.
Sie ist elegant und anmutig.

Und sie hört eine Stimme, die zu ihr sagt: Frau, du sollst frei sein von deiner Krankheit! (Luk. 13, 12). Und sogleich richtet sie sich auf und lobt Gott.

Gott weint, wenn wir leiden

Kwok Pui Lan

Sie fragen mich, wie eine Feministische Theologie in Asien aussieht. Vielleicht denkt sie nach über „Jenseits von Gott Vater", vielleicht versucht sie, „am anderen Ende anzufangen"? Redet sie wohl in der Sprache der gehobenen Bürgerschicht oder ist sie mit sozialistischen Schlagworten befrachtet? Möglicherweise erarbeitet sie eine systematische Analyse über die Situation der Frauen in Asien, oder äußert sie sich in irrationalen Gefühlsausbrüchen?

Auf all diese Fragen weiß ich keine Antwort. Ich weiß nur, daß Feministische Theologie in Asien nur ein Aufschrei sein kann, eine Klage und eine flehentliche Bitte. Sie entsteht aus den Schmerzen der zahllosen Wunden, die nicht verheilen, aus den Narben, die weiter brennen, aus den Lebensgeschichten, die nichts von Erfüllung wissen. Feministische Theologie in Asien wird nicht auf dem Papier gemacht, sondern sie wächst in den Herzen der vielen Frauen, die nur Leiden erleben und dennoch den Mut haben zu hoffen.

Das Leiden, ein Niemand, ein No-Body zu sein

Ich möchte Ihnen eine Geschichte erzählen, bei der Sie vielleicht weinen werden:

Ah Ching war ein kleines Mädchen in einem Dorf in China. Ihre Eltern mußten als Bauern schwer arbeiten. Ah Chings Vater liebte seine kleine Tochter, aber er brauchte eigentlich einen Sohn. Eines Nachts, als Ah Ching schlief, spürte sie plötzlich, wie eine schwere Decke auf ihr Gesicht gepreßt wurde und sie beinahe erstickte. Sie strampelte und schrie: „Mama, Mama, hilf mir!" Zu ihrem Entsetzen merkte sie, daß es ihr eigener Vater war, der sie ersticken wollte. Sie bat ihn

unter Tränen, er solle sie am Leben lassen, sie wolle auch immer ein gutes Kind sein.
In ihrer Angst verließ Ah Ching noch in der Nacht das Haus und suchte Schutz bei ihrer alten Großmutter. Als diese hörte, was geschehen war, wurde sie so traurig, daß die Tränen ihr über das runzlige Gesicht liefen. Am Abend brachte die Großmutter Ah Ching ins Bett und beruhigte sie. Um Mitternacht aber holte die Großmutter eine alte Decke, nahm all ihre Kraft zusammen und erstickte Ah Ching mit zitternden Händen.

China, mit einer Bevölkerung von über einer Milliarde, muß eine niedrige Geburtenrate durchsetzen. Mit strikten Maßnahmen werden Ehepaare dazu veranlaßt, ja geradezu gezwungen, nur ein Kind zu haben. Schon früher wurde es als Unglück angesehen, wenn ein Mädchen geboren wurde, aber heute bedeutet es praktisch das Ende der Familie. Ah Chings Mutter betete während der Schwangerschaft Tag und Nacht um einen Sohn, und sie weinte verzweifelt, als Ah Ching geboren war. Diese Tränen weinte sie um Ah Ching, aber auch um sich selbst, um ihre Familie und um die tausendjährige patriarchalische Tradition, die das Bewußtsein des chinesischen Volkes prägt, auch heute noch, 30 Jahre nach dem sozialistischen Umbruch und nach der sogenannten Kulturrevolution! Täglich weinen zahllose Frauen in China und in ganz Asien ebenso wie Ah Chings Mutter, weil sie Töchter geboren haben – so wie Sarah und Hagar in den Urgeschichten der Bibel weinten und zu Gott schrien.
Frauen sind die Ärmsten unter den Armen, die Wehrlosesten unter den Unterdrückten, die Hilflosesten unter den Ausgebeuteten. Schwester Mary John Mananzan schreibt in ihrer Studie über die sexuelle Ausbeutung der Frauen in der Dritten Welt: „In einem unterdrückten, ausgebeuteten Land tragen Frauen die Last einer doppelten Unterdrückung, wegen ihres Geschlechts." Im sogenannten „legalen Prostitutionsviertel" von Jakarta wohnen 8–10 Mädchen in einem kleinen Haus. Hinter dem Eßzimmer hat jede einen kleinen Raum für ihre „Arbeit". Auf einem Brett im Eßzimmer hängt

ein einladendes Photo jedes Mädchens, mit ihrem Namen. Der Kunde kommt, begutachtet die Photos und wählt sich eine aus, wie von einer Speisekarte. In Thailand und auf den Philippinen haben die Mädchen keine Namen mehr, nur noch Nummern.

Wenn man durch den Bezirk der Roten Lampen in Taipeh geht, kann man diese Frauen im Schaufenster sitzen sehen. Auch das stärkste Make-up kann ihre blassen Gesichter und ihre toten Augen nicht übertünchen. Wenn das Geschäft nicht läuft, geht die „Mutter" auf die Straße und bietet in ihrem ordinären Kantonesisch die Mädchen an die Touristen aus Hongkong feil. Gerade diese schamlose Gassensprache offenbart unumwunden, was „Sex-Objekt" bedeutet. Diese Frauen werden nicht mehr als menschliche Wesen behandelt, sondern als namenlose Körper, als Waren, als No-Body.

Die sexuelle Ausbeutung zerstört nicht nur die Frauen an Leib und Seele, sie bedeutet auch eine Vergewaltigung des ganzen Landes. Nachdrücklich weist Schwester Mary John auf den Zusammenhang zwischen der Prostitution, dem Sex-Tourismus und den Militärstützpunkten hin. Sexuelle Ausbeutung ist außerdem gang und gebe im Geschäftsleben und am Arbeitsplatz, wo die Frauen häufig unter psychischen oder finanziellen Druck gesetzt werden, sich ihren Vorgesetzten zur Verfügung zu stellen. Sexuelle Ausbeutung ist eine regelmäßige Begleiterscheinung aller Formen der politischen, wirtschaftlichen, militärischen und sozialen Unterdrückung. Das Schreien der Frauen ist das Schreien des Landes, das Schreien des Volkes.

Jesus weinte über Jerusalem. Er war so traurig, daß Matthäus einen weiblichen Vergleich gebrauchte, um seine Empfindungen zu beschreiben: „Wie oft habe ich deine Kinder versammeln wollen wie eine Henne ihre Küchlein unter ihren Flügeln versammelt . . ." (Matth. 23, 37). Mit demselben Schmerz weint eine Mutter über ihren Sohn, der im Krieg in Indochina sterben mußte. Wie können die Mütter, Frauen und Liebenden in Korea, die gewaltsam von ihren Geliebten getrennt worden sind, jemals aufhören, über ihr gespaltenes Land zu weinen?

Die Feministische Theologie Asiens ist eine Geschichte des Leidens und nichts sonst. Denn diese Frauen leiden unter der ganzen Last der Jahrtausende alten Vorurteile und Geringschätzung der patriarchalischen Kulturen des Ostens, der Last der skrupellosen Ausbeutung, der Last ihres schutzlosen Ausgeliefertseins. Diese schweren Lasten berauben die Frau ihrer Persönlichkeit und machen sie zu einem Ding, zu einem Niemand.
Durch diese eigene tiefe Leidenserfahrung fühlt die Frau in ihrem Innersten auch das Leiden des gequälten Gottes, des Gottes, der schreiend am Kreuz hing, der ein Opfer der unterdrückerischen Tradition war, des Gottes, der von den militärischen und politischen Machthabern zu Tode gebracht wurde, des Gottes, der nackt ausgezogen, beleidigt und bespuckt wurde. Es ist der Gott, von dem Jesaja sagt: „Er war der Allerverachtetste und Unwerteste, voller Schmerzen und Krankheit. Er war so verachtet, daß man das Angesicht vor ihm verbarg..." (Jes. 53, 3). Gott hat das Risiko auf sich genommen, ein Mensch zu werden und hat an seinem eigenen Leib erfahren, was es heißt, ein Niemand zu sein. So ist es gerade diese Person am Kreuz, die Schmerzen erleidet wie wir und zu einem Niemand gemacht wird, die unsere ganze tragische Existenz widerspiegelt, und die dadurch zu zahllosen Frauen in Asien unmittelbar spricht. Wir verstehen Jesus nicht nur als ein Vorbild, dem wir nachfolgen sollen, oder als ein Idol, das wir verherrlichen sollen. Wir sehen in Jesus den Gott, der menschliche Gestalt annimmt und mit uns leidet und weint.

Etwas Neues bricht an

Die Geschichte der Frauen in Asien ist eine Geschichte des Leidens. Zhang Zhi-xin, Mutter einer Tochter und eines Sohnes, war Künstlerin und Komponistin für die Sache der Revolution. Als während der „Kulturrevolution" die Viererbande viele unschuldige Menschen ins Gefängnis brachte, fing Zhi-xin an, die Lauterkeit und die Methoden der Regierung in Frage zu stellen. Daraufhin wurde sie als „antirevolutionär" verschrien und kam 1969 ins Gefängnis. Während der Gerichtsverhandlung gelang es dieser 40jährigen Mutter, die Auseinandersetzung mit dem Ankläger in ein Gespräch über die Wahrheit zu verwandeln. Immer wieder mußte der Richter sie zum Schweigen bringen, denn sie sagte nichts als die unverblümte Wahrheit. Zhi-xin wurde im April 1975 zum Tode verurteilt. Noch vor der Hinrichtung schnitten ihr die faschistischen Henker brutal die Kehle durch, aus lauter Angst, sie könnte noch kurz vor dem Tod das Leiden ihres Volkes in die Öffentlichkeit schreien. Sie schrieb 1969 ihrem Mann einen Abschiedsbrief, der erst 10 Jahre später veröffentlicht wurde. Darin stehen die Sätze:

> „Wir sind jetzt 14 Jahre verheiratet und haben einen Sohn und eine Tochter. Ich habe meine Aufgaben nicht vollendet und kann sie nicht mehr weiterführen. Ich hoffe, Dir wird es gelingen, die neue Generation heranwachsen zu sehen. Ich wollte die Revolution verstehen und bin entschlossen, der Revolution mein ganzes Leben zu widmen. Die wahre revolutionäre Bewegung wird weiter wachsen und von Tag zu Tag stärker werden. Laß uns Mut fassen für eine helle und schöne Zukunft! Laß uns Mut fassen durch die Aussicht auf den Sieg! Für diese leuchtende Zukunft will ich meine ganze Kraft einsetzen."

Suk Wah (der eigentliche Name ist geändert) war früher Studentin an der Ehwa-Universität für Frauen in Seoul. Sie organisierte Gesprächsgruppen unter den Studentinnen, wo sie über Probleme der Frauen in Korea diskutierten. Sie wurde festgenommen und zu zwei Jahren Zuchthaus verurteilt, weil sie mit der Gruppe das Buch von Engels „Der Ursprung der Familie, des Privateigentums und des Staates" und andere angeblich radikale Literatur gelesen hatte, um die Grundursachen für die Unterdrückung der Frau herauszufinden. Sie wurde schwer gefoltert, aber sie gab die Hoffnung nicht auf, im Gegenteil: Sie las in ihrer Zelle das Buch von Letty Russell „Befreiung der Menschheit aus feministischer Sicht: eine Theologie" und schöpfte daraus viel Mut und Kraft.

In dem Kampf der Menschen Asiens gibt es viele namenlose Frauen wie Zhi-xin und Suk Wah. Nicht alle mußten so

Schweres durchmachen, aber alle empfinden eine tiefe Liebe, ja eine Leidenschaft für ihr Land. Üblicherweise sind asiatische Frauen ruhig, demütig und sanft. Weshalb brechen sie mit dieser Tradition und wagen es, öffentlich zu reden? Es muß eine Eingebung sein, eine tiefe Überzeugung, eine Leidenschaft, die ihr ganzes Wesen erfaßt und sie von aller Schüchternheit befreit.

Es ist das leidenschaftliche Eintreten für die Gerechtigkeit. Frauen wissen aus eigener Erfahrung, was es heißt zu leiden. Viele Frauen wie Zhi-xin und Suk Wah haben das Schreien ihres Volkes gehört und seinen Schmerz selbst empfunden. Ob sie nun gebildet sind oder nicht, ob sie zur Mittelklasse gehören oder zum Proletariat, das spielt keine Rolle. Sie fühlen sich eins mit dem Volk und leiden mit, wenn ihr Volk leidet. Aus dieser Leidenschaft heraus treten sie für die Ausgebeuteten ein, decken das Unrecht auf und kämpfen für die Gerechtigkeit.

Es ist auch die Leidenschaft der Liebe. Die geduldigen Hände, die eine Wiege schaukeln, die sanfte Stimme, die ein Schlaflied singt, sie sind erfüllt von der tiefverwurzelten Liebe zum Lebendigen.

Der Mond scheint hell vor unserem Haus im Garten.
Sei lieb, Ha-Tsai und schlaf in deinem Bett.
Schon morgen früh geht Mutter, Reis zu pflanzen,
der Opa läßt die Kühe weiden auf dem Berg.
Schlaf ein, Ha-Tsai und werde immer größer.
Ein Fischer wirst du sein in einem großen Boot.
Der Mond scheint hell vor unsrem Haus im Garten,
und an Neujahr gibt's eine Betelnuß.
Und füllt die reiche Ernte unsre Scheunen,
dann feiert Jung und Alt ein Freudenfest.
Mach deine Augen zu und träume.
Schlaf ein, Ha-Tsai bis in den neuen Tag.

Dies ist die Liebe zum Lebendigen, die aus den Frauen kommt. Sie lieben ihre Kinder und hoffen deshalb auf ein erfülltes und friedliches Zusammenleben aller Menschen. Frauen sind sensibel für die Empfindungen anderer Menschen und legen Wert auf gute Beziehungen untereinander. In schweren Zeiten sind die meisten Frauen bereit, ihr

Eigenleben zugunsten der Familie aufzugeben. Die Liebe zum Lebendigen und die Selbstaufopferung der Mutter, das sind die Quellen, die eine solche Leidenschaft für die Menschheit speisen.
Es ist eine Leidenschaft der Hoffnung. Diese Hoffnung ist das Licht auf ihrem Weg und gibt ihnen die Kraft, unverdrossen durchzuhalten. Vielen asiatischen Frauen kommt in ihrem harten Schicksal das Wort Hoffnung nicht leicht über die Lippen. Auch für die Frauen unter dem Kreuz, die mitansehen mußten, wie Jesus starb, war alle Hoffnung verloren. Aber gerade ihnen begegnete der Auferstandene zuerst. Aus dem Abgrund der Verzweiflung strahlt die neue Hoffnung. Diese Hoffnung erfüllte ihr ganzes Wesen: „Sie gingen eilend vom Grabe mit Furcht und großer Freude" (Matth. 28, 8).
Die Frauen, die damals die Auferstehung miterlebten, erhielten den wichtigen Auftrag, das Evangelium zu den Menschen weiterzutragen. Heute sind viele Frauen in ganz Asien von einer Leidenschaft für Gerechtigkeit, Liebe und Hoffnung ergriffen. Auch sie haben einen Auftrag, eine Berufung, die unsere Freundin Kurinji Nathan aus Sri Lanka sehr schön in einem Gedicht beschreibt:

Die neue Frau

Die Hände, die den Pflanzen wachsen halfen,
sie helfen nun, die Schatten zu vertreiben,
sind fleißig, alles Böse zu verhindern
und stehen für ein neues Leben auf.

Die Hände, die den Pflanzen wachsen halfen,
sie helfen nun, das Gute zu ernähren,
sind fleißig, alle Armut auszurotten
und schaffen eine neue Friedenskunst.

Die Hände, die den Pflanzen wachsen halfen,
sie helfen nun der Menschheit auf die Wege,
sind fleißig, neue Wohnungen zu bauen,
wo Wahrheit und Gerechtigkeit bestehn.

Frauen, die Asien zum Leben erwecken

Marianne Katoppo

Asien ist ein so großer Kontinent mit so verschiedenen Gesichtern, daß es schwer ist, eine „typisch asiatische" Sicht der Dinge zu definieren. Denken wir allein an die riesige Bevölkerung Asiens. Kaum jemand macht sich klar, daß allein in Indien mehr Frauen leben als Menschen in ganz Westeuropa. Außerdem ist in Asien nicht nur eine Rasse, sondern alle drei Rassen sind dort vertreten. Hinzu kommen die vielen unterschiedlichen Sprachfamilien, während in Europa nur indogermanische und ural-altaische Sprachen vorkommen. Für Japaner z. B., die eine völlig eigenständige Sprache haben, ist es immer noch schwierig, sich mit anderen Asiaten zu verständigen.

Deshalb ist es wohl ein wenig anmaßend, eine bestimmte Verhaltensweise als „typisch asiatisch" zu bezeichnen. Man läuft dabei Gefahr, zu sehr zu verallgemeinern und zu vereinfachen, zumal, wenn man über Asiens Frauen spricht. Vielleicht sollte ich mich beschränken auf Frauen in einer Situation der Ausbeutung und Unterdrückung. Dies ist gegenwärtig ein besonders wichtiges Thema, denn in heutiger Zeit werden mehr asiatische Frauen ausgebeutet als jemals in der Geschichte.

Etwa 58% aller Frauen der Welt leben in Asien. Die allermeisten von ihnen sind unterdrückt und ausgebeutet. Das ist die Wirklichkeit; jedoch hat die Wirklichkeit vielerlei Erscheinungsformen, die wir klar voneinander unterscheiden sollten, wie wir auch unterscheiden sollten zwischen Mythos und Wirklichkeit.

Mit „Mythos" meine ich ein vereinfachendes Bild oder eine typisierende Darstellung, die man sich so gern zueigen macht, um ein bestimmtes System oder bestimmte Verhältnisse zu rechtfertigen. Der Mythos, der zur Zeit weit verbreitet ist (man denke nur an die Werbung einiger Fluggesellschaften oder Reiseunternehmen!), ist das Bild der asiatischen Frau, die so „besonders freundlich, sanft, fügsam und demütig ist". (Z. B. „Für Thai-Frauen ist es eine Freude, anderen zu dienen" usw.)

Derartige Werbesätze vermitteln ein bestimmtes Bild der asiatischen Frauen, das vielleicht einigen Männern gefällt, aber für die meisten Frauen Asiens im allgemeinen nicht zutrifft. Wir wissen, wir irreführend derartige Klischeevorstellungen sein können.

Wenn wir also über asiatische Frauen reden, wen meinen wir damit? Japanerinnen sind Asiatinnen, ebenso Philippinas oder Frauen aus Sri Lanka oder auch Libanesinnen. Rein geographisch gehören alle zu Asien.

Innerhalb Japans muß man wieder unterscheiden zwischen den „kazoku" (aus der kaiserlichen Familie), den Frauen der Beamten und den Burakumin (eine Art Nomadenvolk, das bis heute diskriminiert wird). Auf den Philippinen gibt es einerseits die selbstzufriedenen Wohlhabenden mit gefüllten Bankkonten in der Schweiz, andererseits gibt es dort Frauen, die ihre Familien verlassen müssen, um das Essen für sie zu verdienen, indem sie die Arbeit, die sie eigentlich für ihre Familien tun wollten, nun für fremde Menschen tun, z. B. als Dienstmädchen in Spanien oder Saudi-Arabien. Wir wissen etwas über die Unruhen zwischen den Bevölkerungsgruppen in Sri Lanka und haben unsere schnellen Erklärungen bereit; aber denken wir auch an die singhalesische Nonne, die ermordet wurde, weil sie Tamilen versteckt hatte? Und andererseits gibt es die reiche Tamilendame, die Ländereien in Indien und Aktien in den USA besitzt!

Zur selben Zeit, wo die allermeisten Frauen Asiens unterdrückt sind, findet man auch einige der reichsten, mächtigsten und profitgierigsten Frauen der Welt gerade bei uns in Asien. Denken wir nur an die letzte Ministerpräsidentin Indiens, Indira Ghandi. Sie hatte Macht über Millionen von Menschen. Oder Imelda Marcos auf den Philippinen, die Frau des früheren Präsidenten, oh, sie ist ja so fromm! Sie betet so oft den Rosenkranz, und dieser Rosenkranz besteht aus lauter Diamanten, und ihr größter Wunsch war es, eine Kathedrale bauen zu lassen. In Thailand gibt es die Königin Sirikit, nach Darstellung der Illustrierten eine sehr schöne und modebewußte Frau. Sie ist wirklich sehr schön – und sehr mächtig. Letztes Jahr kam der bedeutende Schriftsteller Sulak Siravaksa ins Gefängnis wegen „Majestätsbeleidigung der Königin".

Vor 200 Jahren sagte Mary Wollstonecraft: „Herkunft, Reichtum und andere Privilegien, die einem Menschen ohne jede geistige Anstrengung zufallen, sind imstande, diesen Menschen in ein Ungeheuer zu verwandeln".

Traurigerweise trifft diese Feststellung in Asien sehr häufig zu. Wie ungerecht jedoch verallgemeinernde Pauschalurteile sind, das möchte ich am Beispiel einer anderen thailändischen Frau zeigen, die eine ideale asiatische Frau ist: Merkwürdigerweise ist sie gerade die Tochter der Königin Sirikit, nämlich Prinzessin Maha Chakri Sirindhorn. Da sie das dritte Kind des Thailändischen Königspaares ist, kam sie zunächst nicht als Thronfolgerin in Frage. Aber aufgrund ihres Charakters und ihrer persönlichen Ausstrahlung wurde vor ein paar Jahren die Verfassung geändert, um sie zur Kronprinzessin zu machen (das bedeutet Maha Chakri), obwohl ihr älterer Bruder noch am Leben ist. Als tiefreligiöse Frau wollte sie zunächst buddhistische Nonne werden, entschloß sich dann aber, das Amt der Kronprinzessin anzunehmen. Sie ist hochgebildet und verantwortungsbewußt und dabei fähig, sich für eine gute Sache ganz einzusetzen. Niemals mißbraucht sie die Macht, die ihr doch zur Verfügung steht. Überall in ganz Thailand, selbst im kleinsten Dorf weit draußen, findet man die Bilder des Königs und – der Kronprinzessin, *nicht* der Königin.

Es ist schon erstaunlich, daß es in Asien möglich war, daß die Persönlichkeit einer Frau eine Verfassungsänderung bewirken konnte. Man sieht daran vielleicht, daß man in Asien die Führungsämter nicht ganz so grundsätzlich für Männer reserviert wie etwa in Westeuropa. In Schweden wurde zwar vor kurzem die Verfassung geändert, um die kleine Prinzessin Victoria zur Kronprinzessin zu machen, aber das tat man, um des Erstgeburtsrecht statt des alten Erbfolgerechts der Salier einzuführen, nicht etwa aufgrund der Persönlichkeit der Prinzessin.

Daß Frauen hohe Ämter bekleiden, ist also in Asien eine durchaus übliche Vorstellung, die nicht etwa von anderen Kulturen übernommen wurde. Im Malayischen ist das Wort für „Frau" perempuan mit dem Stamm „empu". „empu" hat viele Bedeutungen. Die erste ist „Mutter", wie etwa in „empu jari" = „Mutter der Finger", d. h. „Daumen", denn ohne Daumen kann man die Finger kaum benützen. Zweitens bedeutet „empu" „souverän, höhergestellt", also eine Person, die befreien, ernähren oder Leben schenken kann. Empu Mada (Herr der Mada) war der berühmteste Premierminister im Hinu-Königreich von Mahajapit, und Empu Sindok (Meister Sindok) war der mystische Gelehrte, der durch übersinnliche Kräfte die beiden Königreiche von Demak und Kediri voneinander trennte.
Das andere malayische Wort für Frau ist „wanita", das aus dem Sanskrit kommt und „die Allgepriesene" bedeutet.
Die Geschichte einer Sprache ist immer zugleich die Geschichte einer Denkweise; deshalb sollten wir die Entstehung dieser beiden Worte im Gedächtnis behalten.

Wir dürfen keine schnellen, oberflächlichen Lösungen anbieten, wenn wir das überwältigende Ausmaß von Unterdrükkung, Elend und Armut in Asien erkennen, sondern wir müssen die Wurzeln all des Leidens und der Ungerechtigkeit aufdecken, die wir in unserer Umgebung miterleben. Es liegt nahe, sie in den politischen und wirtschaftlichen Strukturen zu suchen. Aber diese Strukturen sind ja von Menschen geschaffen, und es ist ziemlich wirklichkeitsfremd, diese in vorgefaßte Kategorien einzuordnen wie etwa „Mann – Frau", „Erste Welt – Dritte Welt", „reich – arm", „mächtig – machtlos", usw. Freilich können wir in vielen Fällen sagen, daß Männer Frauen unterdrücken, aber in Asien gibt es durchaus auch Männer, die ebenso leiden und in ebenso schlechten Verhältnissen leben wie Frauen.
Es gibt auch unterdrückerische Frauen.

Was wir untersuchen müssen, ist die Geisteshaltung, die derartige Strukturen und ein solches System hervorbringt. In Asien können wir feststellen, daß der Glaube an die Technik zu einer Art modernen Götzendienstes geworden ist; die moderne Technik soll uns von Armut, Hunger und Krankheit befreien und uns eine bessere Lebensqualität bescheren. Diesem Götzen bringen wir unser Volk auf vielfachen Weise zum Opfer und merken gar nicht, daß er ebenso falsch ist wie alle anderen Götzen.

Wir haben festgestellt, daß viele Frauen in Asien leiden und unterdrückt sind. Ein Beispiel ist die Produktion von Computerchips. Die größten Produzenten im Elektronikbereich sind IBM (Jahresumsatz 26 Mrd US$), General Electric (25 Mrd $), ITT (18 Mrd. $), Philips, Siemens, Hitachi und Matsushita. Es sind also zwei japanische Firmen unter diesen riesenhaften Großkonzernen der Elektronik.

In diesem Zusammenhang ist es aufschlußreich, was eine Fabrikarbeiterin in den verschiedenen Ländern für einen Tagelohn kaufen kann. Auf den Philippinen könnte sie 24 Eier kaufen, in Japan 240, also zehnmal soviele. In Korea wären es 4 kg Reis, in Taiwan beinahe 11 kg. In Sri Lanka muß sie 5 Tage arbeiten, um ein T-Shirt kaufen zu können, in Malaysia 5 Tage für eine Jeanshose, in Thailand zwei Tage für eine Jeanshose. In Hongkong kann sie von einem Tagelohn eine Jeanshose und vier Fünftel eines T-Shirts bezahlen.
Beim Lohn gibt es also große Unterschiede innerhalb Asiens. Was ist dann aber für alle so schrecklich an der Elektronik-Industrie? Erstens ruiniert der Umgang mit Computerchips vielen jungen Arbeiterinnen das Augenlicht, denn sie müssen die meiste Zeit ihres Arbeitstages am Mikroskop arbeiten. Es ist allgemein üblich, sie nach drei oder vier Jahren zu entlassen, weil sie dann fast blind sind. In einem Bericht von UNICEF (das Kinderhilfswerk der UNO) wird erwähnt, daß immer wieder die Hände von arbeitenden Kindern verstümmelt werden, weil ihre kleinen Finger nicht schnell genug sind und von den Maschinen zerquetscht werden.
Kürzlich verweigerte eine amerikanische Firma in Indone-

sien ihren Arbeiterinnen das Recht, sich gewerkschaftlich zu organisieren. Diese gingen vor den Arbeitsminister, der ihnen das verfassungsmäßige Recht zusprach, eine Gewerkschaft zu gründen. Der amerikanische Firmenchef tat völlig überrascht und sagte in einem Interview mit einer großen Tageszeitung, er habe nicht gewußt, daß es in Indonesien den Arbeitern erlaubt sein, sich zu organisieren.
Das war nun wirklich eine ausgesprochen dumme Ausrede: „Ich habe es nicht gewußt.“ Es gehört doch zu den Grundvoraussetzungen, bevor man in irgendeinem Land ein Unternehmen aufbaut, daß man sich über das dortige Klima informiert, nicht nur, was Wärme und Feuchtigkeit betrifft, sondern vor allem das „Arbeitsklima“, d. h. man muß unter anderem die Arbeitsgesetze kennen.
Dieser Vorfall ist ein typisches Beispiel für die Haltung, die manche Konzerne der Ersten Welt gegenüber Ländern der Dritten Welt einnehmen.

Ein weiteres brennendes Problem ist die rapide Zunahme der Wanderarbeit von Frauen. Ob sie nun ihre Heimat verlassen, um Arbeit in den Fabriken der Großstädte zu suchen, oder ob sie – wie das immer mehr vorkommt – als Dienstmädchen ins Ausland gehen; auf jeden Fall hat die Wanderarbeit von Frauen in Asien geradezu erschreckende Ausmaße angenommen. Zur Zeit schätzt man, daß über eine Million Philippinas – viele von ihnen mit einem Universitätsabschluß! – im Ausland arbeiten. Man stelle sich vor, wie verheerend sich dieser Zustand auf das Sozialgefüge auf den Philippinen auswirkt!
Allein in Osaka landen täglich durchschnittlich 30 Philippinas. Kürzlich wurde in einer japanischen Zeitung der Fall eines Mannes berichtet, der 14 Frauen zum Preis von 2 Millionen Yen gekauft (!) hatte. Was Europa betrifft, so wimmelt es auf der Piazza San Silvestro in Rom jeden Sonntag von Philippinas, die dort als Dienstmädchen arbeiten. Wenn heutzutage eine Philippina auf dem Flughafen von Fiumicino ankommt, dann wird sie zuerst von einem Polizeibeamten verhört, bevor sie nach Italien einreisen darf.

Denn in den Augen vieler europäischen Behörden – und vieler Normalbürger – ist eine asiatische Frau so lange eine Prostituierte, bis sie das Gegenteil beweist.

All dies ist wirklich ein Grund zur Sorge. Erstens sind da, wie gesagt, die Auswirkungen dieser Wanderarbeit auf das soziale Gefüge, ja auf die Gesellschaft überhaupt, denn diese Frauen sind alle noch jung und gesund und sollten eigentlich zum Aufbau ihres eigenen Volkes beitragen, statt auszuwandern und Sklavinnen in einem fremden Land zu werden. Zweitens entsteht weltweit das Bild von der asiatischen Frau als einer Prostituierten. Deutsche Reiseagenturen machen Reklame mit Aussprüchen wie: „Auf den Philippinen können sie eine Frau schon mit einer Handvoll Trauben glücklich machen, während zuhause in Deutschland eine Frau höchstens für einen Pelzmantel zu haben ist." Wie tief sich dieses Bild schon eingeschlichen hat, das wurde mir erst klar im Gespräch mit einer europäischen Frau, übrigens aus gebildeten, ökumenisch interessierten Kreisen. Sie gestand mir, daß sie jedesmal, wenn sie einen europäischen Mann mit einer asiatischen Frau sah, unwillkürlich annahm, es sei eine Prostituierte!

Wie kann man unter diesen Voraussetzungen und in diesem Umfeld Theologie treiben? Irgendwelche begriffslastigen Gedankengebäude nützen da gar nichts. Was wir brauchen, ist eine Begegnung mit Gott im täglichen Überlebenskampf. Es ist der Gott, der mit den Müttern weint, wenn sie ihre Familien verlassen müssen, um im fremden Land für ihren Lebensunterhalt zu arbeiten. Es ist der Gott, der leidet unter den Demütigungen, die man der Frau in Asien wegen ihres Geschlechts zufügt. Es ist ein Gott, der all die „Nicht"-Personen aufrichtet (Nicht-Personen, das sind Nicht-Weiße, Nicht-Reiche und Nicht-Männliche) und ihnen die Gewißheit gibt, daß gerade sie seine geliebten Kinder sind. Das ist die Theologie, nach der wir verlangen, eine Theologie, die Asiens unterdrückte Töchter in eine lebendige Freiheit führt.

Ein Gott nach dem Bild des Mannes

Louise Kumandjek Tappa

Die Frage nach der Macht

Es ist offenkundig, daß das Patriarchat nicht erst in der christlichen Religion entstanden ist. Jürgen Moltmann meint dazu:

> „Das Patriarchat ist ein sehr altes, weitverbreitetes System männlicher Dominanz. Das Christentum erwies sich als unfähig, diesem System zu widerstehen; denn schon sehr früh übernahmen darin die Männer die Führung und paßten es dem Patriachat an."

Ich gehe davon aus, daß 1. Mose 3, 16, der klassische Text, der jahrhundertelang zur Rechtfertigung des Patriarchats herangezogen wurde, darauf hinweist, daß das Patriarchat tatsächlich die älteste Form menschlicher Herrschaftsstruktur ist. Nach dem Sündenfall sagt Gott zur Frau: „Ich will dir viel Schmerzen schaffen, wenn du schwanger wirst; mit Schmerzen sollst du Kinder gebären; und dein Verlangen soll nach deinem Manne sein, und er soll dein Herr sein." Diese Stelle sollten wir als die Beschreibung einer Situation lesen, die aus der Sünde kommt, nicht als Gottes Anweisung für die Menschen.

Daß das patriarchale System im Christentum Eingang fand, belegt das Vorgehen der Christen, die ihrem Gott patriarchalische Eigenschaften zuschreiben. Man stellte sich Gott mit männlichen Wesenszügen vor und sein Handeln wurde zurückgeschnitten auf rein männliche Machtgebärden. Er herrscht, er richtet, er ist allmächtig und eifersüchtig auf seine Ehre und seinen Besitz erpicht. Ihm wurden keine sogenannten „weiblichen" Eigenschaften wie etwa Sanftmut, Zärtlichkeit oder Empfindsamkeit zugeschrieben. Das Christentum hat Gott zu einem Gefängniswärter gemacht.

Gott ist nichts anderes als ein „Macho“: Normalerweise abwesend von seiner Familie, wird er umso mehr bedient und verehrt; er wird schnell zornig und rachsüchtig, sobald er meint, jemand sei ihm ungehorsam gewesen. Wie kann dieses Bild Gott widerspiegeln, den Gott, der „diese Welt so liebte, daß er seinen einzigen Sohn dahingab“, den Gott, dessen einziges Gebot die Liebe ist?
Das Patriarchat hat einen Gott nach dem Bild des Mannes geschaffen. Das ist reiner Götzendienst! Ein offenkundiges Beispiel für diesen Götzendienst ist die Tatsache, daß man Frauen die Ordination verweigert, ausschließlich mit der Begründung, daß sie weiblich seien.
Das Christentum lehrt, daß der Heilige Geist die lebendige Gegenwart Gottes in und bei uns ist. Diese Gegenwart wird in unterschiedlicher Weise wirksam. Wir wissen, daß der Geist weht, wo er will. Wenn also Frauen vom ordinierten Dienst der Verkündigung ausgeschlossen werden, dann beschränkt damit das Christentum Gottes Möglichkeiten ausschließlich auf Männer. Gottes Wort scheint erst dann Gottes Wort zu werden, wenn es durch den Mund eines männlichen Menschen gegangen ist.

Die christliche Kirche wird damit zu einem Herrenclub und mißbraucht Gott als offiziellen Vereinsgründer.
Es ist folgerichtig, daß die Eigenschaften eines solchen Gottes darauf beschränkt sind, den Club zu rechtfertigen und zu stärken. Solange wir den Gott der Christenheit so verstehen, kommen natürlich die Bereiche Gerechtigkeit und Befreiung in der Arbeit der Kirche zu kurz; wir werden auf diesen Gebieten nur halbherzig tätig sein. Der Unterschied zwischen einem Propheten und dem Priester einer etablierten Kirche wird sehr einleuchtend beschrieben in dem Buch „Die Narren Gottes“ von Morris West:

„Der Priester der etablierten Religion war berufen und ordiniert, um im Auftrag einer Behörde eine Lehre zu predigen, die schon lange festgelegt war. Überschritt er seinen Auftrag, so konnte dieselbe Behörde, die ihn ernannt hatte, ihm sein Amt entziehen oder ihn exkommunizieren. Der Prophet hingegen war eine völlig andere Figur. Er behauptete, in unmittelbarer Verbindung mit dem Allmächtigen zu stehen. Deshalb konnte ihm kein Mensch die Vollmacht entziehen. Er konnte die ehrwürdigste Tradition anfechten mit dem klassischen Satz, den Jesus selbst formuliert hat: „Es steht geschrieben ... Ich aber sage euch ..." So war der Prophet immer der Außenseiter, der Anwalt der Veränderung, der Kritiker der bestehenden Verhältnisse."

Der Tod Jesu war die Folge des Konflikts zwischen seinem Gott und dem Gott des pharisäischen Judentums. Dieses Judentum hatte Gott in sein Gesetz und seine Tradition eingesperrt und konnte ein Gottesbild nicht zulassen, das diese Begrenzungen sprengte. So sagte Jesus zu den Pharisäern: „Ihr macht Gottes Gebot ungültig durch eure eigenen Vorschriften" (Matth. 15, 6). Die Kreuzigung Jesu war der vermeintliche, jedoch kurzfristige Sieg des patriarchalischen Gottes des Judentums. Doch Jesu Auferstehung hat bewiesen, daß sein Gott der lebendige Gott ist. Man müßte nun eigentlich annehmen, die Jünger Jesu würden diesem Gott nachfolgen, aber leider ist das Christentum wieder auf den patriarchalischen Gott des Judentums zurückgefallen, es verficht ihn sogar mit noch größerem Eifer. Dieser Gott hat durch die Etablierung der Kirche noch mehr Macht gewonnen, denn der „Club" ist mächtiger geworden. Der Gott des Clubs soll zu allem seinen Segen geben, auch zu Militarismus, Krieg, Sexismus und Apartheid, solange es nur dem „Club" dabei gut geht. Der Gott des Herrenclubs wird sich nie für die Sache der Frauen interessieren, höchstens, wenn es den Männern irgendwie zugute kommt.

Nach meiner Überzeugung ist nicht der biologische Unterschied die Ursache dafür, daß Frauen von der Beteiligung am kirchlichen Entscheidungsprozeß weitgehend ausgeschlossen sind. Das Geschlecht ist nur eine willkommene Ausrede. In Wirklichkeit geht es um die Macht.

Die kirchliche Hierarchie ist eine Machtstruktur. Man nennt sie Klerikalismus. In diesem System kommt es ausschließlich auf den Pfarrer an, der für alles und jedes zuständig ist. Die Beteiligung der Gemeinde ist nicht vorgesehen. Die Kirchenleitung und manche Pfarrer sagen häufig „Verantwortung

und Dienst" und meinen damit ihre eigene Macht und Entscheidungsbefugnis. Sie lassen es nicht zu, daß Laien in eigener Verantwortung an der Arbeit der Kirche teilnehmen. Ein prominenter Kirchenführer soll einmal während des Baues eines Laienbildungszentrum gesagt haben: „Ausgebildete Laien sind eine Gefahr für die Pfarrerschaft." Dementsprechend werden engagierte Laien (beiderlei Geschlechts) von Kirchenführern als Konkurrenz empfunden. Eine passive Gemeinde macht den Pfarrer stark.
Das Thema, das die Frauenbewegung in ihrem Kampf um Gleichberechtigung zur Sprache bringt, führt uns ins Zentrum der Theologie, denn diese Frauen kritisieren unser überliefertes Gottesbild. Bisher wurde ein Gott gepredigt, der von Anfang an ungerechte Verhältnisse geschaffen hatte, indem er die eine Hälte der Menschheit dazu bestimmte, der anderen Hälfte zu dienen. Dies ist jedoch völlig unvorstellbar für Menschen, die an die Würde aller Menschen glauben.

Nur die halbe Befreiung

Unsere Theologie wird unglaubwürdig, wenn sie ein Unterdrückungssystem kritisiert, aber ein anderes selbst betreibt. So macht Catharina Halkes die beunruhigende Feststellung:

> „Im Gegensatz zu vielen anderen Arten der Befreiungstheologie kann man die feministische Theologie nicht auf ein bestimmtes Land eingrenzen. Sie läßt sich auch nicht definieren nach Volk, Rasse oder Klasse."

Frauen sind die andere Hälfte der Menschheit, ohne die es die Menschheit nicht gäbe. Sie sind überall vertreten, bei Unterdrückern wie bei Unterdrückten, bei Reichen wie bei Armen, bei Gelben, Schwarzen und Weißen, sie leben im Dorf und in der Stadt. Überall erleben sie die Herrschaft von Männern. Rosemary Ruether sagt dazu:

> „Soziologisch gesehen sind Frauen eine eigene Kaste innerhalb jeder Rasse und jeder Klasse. Als Frauen machen sie die gemeinsame Erfahrung der Abhängigkeit, der Unterordnung, der Hausarbeit, der

sexuellen Ausbeutung und des demütigenden Vorurteils, ihre Fähigkeit, Kinder zu gebären, sei ihre einzige Daseinsberechtigung. Andererseits wird diese gemeinsame Erfahrung ganz verschiedenartig ausgedrückt, da die Frauen ja nach Rasse und Klasse gespalten sind."

Deshalb ist es unsere Grundthese, daß die feministische Theologie zwar gelegentlich durch einen einseitigen Weiblichkeitsbezug belastet ist und dadurch etwas von ihrem Befreiungscharakter einbüßt, daß aber andererseits das Konzept der Befreiung nur dann vollständig sein kann, wenn es auch aus dem Blickwinkel der Frauen angepackt wird. Erst dann entspricht auch die Theologie wirklich dem Wort Gottes.

„Schwarze Theologie" z. B. kann nicht echte Befreiungstheologie sein, wenn sie die Menschen zwar von der Versklavung durch die weiße Rasse befreit, aber zugleich Sklavin der Männlichkeitsverehrung bleibt. Eine Befreiungstheologie, die nicht selbstkritisch feststellt, daß in ihren eigenen Reihen hauptsächlich die (älteren) Männer das Sagen haben, führt nicht zur wahren Befreiung. Eine bittere Erfahrung in vielen Fällen ist, daß Frauen zwar aktiv am Befreiungskampf teilgenommen haben, aber nach der „Befreiung" reservieren die Männer alle Führungspositionen für sich.
Wenn auch Männer immer wieder kluge Argumente aus der Bibel heranziehen, um ihre Machtgelüste zu rechtfertigen, so wissen wir doch, daß die eigentliche Aussage des Evangeliums die Botschaft der Befreiung ist. Es ist eine Befreiung, die nicht die biologischen Unterschiede meint, sondern alle Arten der Einschränkung betrifft, die Menschen daran hindern, wahre Menschen zu sein. Wenn Jesus sagt, er sei gekommen, „den Armen die gute Nachricht zu bringen, den Gefangenen die Entlassung, den Blinden das Augenlicht und den Unterdrückten die Freiheit, und das Gnadenjahr des Herrn zu verkündigen" (Luk 4, 18–19), dann schließt das zweifellos auch die Befreiung der Frau aus der Knechtschaft des Patriarchats ein. Sie meint in gleicher Weise die Befreiung der Männer aus der selben Knechtschaft. Moltmann beschreibt es so:

„Es liegt auf der Hand, daß die Unterdrückung zwei Seiten hat; auf der einen steht der Tyrann, auf der anderen der Sklave: hier der herrschende Mann, dort die dienende Frau. Bei beiden wird die Menschlichkeit beschädigt: Die Unterdrückte verliert ihre Menschenwürde, und der Unterdrücker wird zu einem unmenschlichen Monstrum. Natürlich ist der Unterschied, daß der eine Teil an diesem Zustand leidet, während es dem anderen ganz wohl ist. Dennoch haben beide Teile Befreiung nötig."

Es geht also nicht nur um die „Befreiung der Frau", sondern um eine Humanisierung der Gesellschaft überhaupt. Gott ist nicht ein Gott der Unterdrückung und Beherrschung und Gottes Schöpfung soll nicht in diese alten Muster zurückfallen, sondern Gott die Ehre geben.

Unsere theologische Aufgabe

Die Theologie und die Kirchen könnten von Afrika den Begriff „muntu" lernen. Muntu bedeutet nicht nur „Person", sondern: „Person in der Gemeinschaft". Ein muntu kann nicht existieren ohne „bantu": eine spirituelle Gemeinschaft, die viel mehr bedeutet als individuelle Heiligung. Wenn die spirituelle Erfahrung Sache einer ganzen Gruppe ist, dann ist sie zugleich auch politisch. Wir müssen also unsere Arbeit in einem Geist des muntu tun.

Die Theologie, die wir suchen, und die Kirche (das Volk Gottes), die Gott will, sollen die Gemeinschaft der Menschen als ganze betreffen. Sie sollen dabei dem einzelnen Menschen dazu verhelfen, wirklich Mensch zu werden.

Mit anderen Worten: Sie sollen die „Ganzheit" des Menschen und der Christenheit anstreben. Diese „Ganzheit" wird lebendig in einer Gemeinde, wenn ihre Glieder das Bibelwort verwirklichen: „Gott hat Gaben ausgeteilt: Er hat die einen zu Aposteln gemacht, andere zu Propheten, wieder andere zu Missionaren, zu Gemeindevorstehern und Lehrern. Ihre Aufgabe ist es, das Volk Gottes zu seinem Dienst bereit zu machen und den Leib Christi aufzubauen. So soll es dahin kommen, daß wir alle durch den selben Glauben und die gemeinsame Erkenntnis des Sohnes Gottes verbunden werden. Dann bilden wir zusammen den vollkommenen Men-

schen, der Christus ist, und wachsen in die Fülle hinein, die Christus in sich umfaßt" (Eph 4, 11–13).
Ganzheitlich zu sein als Einzelner und als Gemeinschaft bedeutet also, daß jedes Glied seine eigenen Gaben einsetzt in der Verantwortung für die Allgemeinheit. Christus ist das ganzheitliche Vorbild für Männer und Frauen, denn er „nahm zu an Alter und Weisheit und Gnade bei Gott und den Menschen" (Luk 2, 52). Er war also leiblich und seelisch gesund und eins mit Gott und den Menschen. So war es das Ziel seines Erlösungswerkes, den Menschen Zugang zu seiner Vollkommenheit zu gewähren.
Er stellt sich entschieden gegen alle Mächte, welche die Menschen an diesem Vollkommenwerden hindern wollen, sowohl im Bereich der Religion und der Kultur als auch der Wirtschaft und der Politik.

Luk 11, 27–28 ist der zentrale Text für die Befreiung der Frau, wie sie Jesus praktiziert hat. Für Jesus ist die Persönlichkeit das wichtigste – auch bei Frauen. Als eine Frau ihm zujubelt mit den Worten: „Gesegnet ist der Schoß, der dich geboren hat und die Brüste, die dich gesäugt haben!", reagiert er etwas unwillig. Ein Theologe (Mollenkott) kommentiert das: „Maria wird dabei eingeschränkt auf einen Schoß und zwei Brüste." Und weiter: „Es ist verständlich, daß eine Frau im ersten Jahrhundert sich selbst und andere Frauen eben als Ehefrauen und Mütter sieht." Weshalb sollte sie sich auch eine andere Lebensform aussuchen, wo sie doch zu dem schönen Beruf der Mutterschaft bestimmt war? Für Jesus jedoch bedeutet „Gesegnetsein" viel mehr als nur die biologische Funktion der Mutterschaft. Er sagt: „Gesegnet sind vielmehr alle die, die Gottes Wort hören und bewahren."
Jesus streitet nicht ab, daß seine Mutter gesegnet sei; er erklärt ihr Gesegnetsein jedoch damit, daß sie sich dem Wort Gottes geöffnet habe und nicht mit der Tatsache, daß sie Mutter sei, wenn auch seine eigene. Dieses Wort macht deutlich, daß die Geschlechtszugehörigkeit nicht die eigentliche Bestimmung des Menschen ist, weder die des Mannes noch die der Frau. Das Ziel, wofür wir geistig leben, arbeiten

und hoffen, das ist unsere Bestimmung. „Gesegnet“ zu sein, das ist für alle möglich: für Alleinstehende oder kinderlose Frauen, für Mütter, Kinder und Männer gleichermaßen. Der Zugang ist für alle offen, ob männlich oder weiblich, krank oder gesund.

Das einzige, worauf es letztlich ankommt, ist, ob wir bereit sind oder nicht, uns in Gottes großen Plan für die Menschheit einzufügen. Die Kirche als das Volk Gottes ist dazu berufen, die Werte und Maßstäbe des Gottesreiches zu bezeugen und selbst zu verkörpern, so wie Jesus Christus es angefangen hat. Als neue Geschöpfe in Christus sind die Christen dazu berufen, den weltlichen Regeln des Herrschens und Dienens zu widersprechen, denn sie sind eine Folge der Sünde. Wir müssen deshalb an einer Kirchenstruktur arbeiten, an der alle teilhaben können; damit Männer und Frauen aller Altersgruppen in allen Bereichen kirchlicher Arbeit und auf allen Entscheidungsebenen mitarbeiten können. Wir müssen von dem Begriff „Bruderschaft“ wegkommen zu einer „Geschwisterschaft“, die das Wort der Bibel wahrmacht, daß Mann und Frau als Gottes Ebenbilder geschaffen sind, und daß beide Gottes Botschafter in der Welt sind.

Um dies zu verwirklichen, muß die Kirche zuallererst die Sündhaftigkeit des patriarchalen Systems erkennen, das Männer und Frauen unterdrückt und unmenschlich ist; dann muß sie sich von den patriarchalischen Elementen in ihren eigenen Strukturen lösen. Sie muß versuchen, die Menschen zur Ganzheit als der Erfüllung des Menschseins überhaupt hinzuführen, und sie muß ihnen Kraft geben, dieses Ziel zu erreichen. Als Petrus und Johannes dem Gelähmten am Tor des Tempels begegneten, da gaben sie ihm nicht einfach ein Almosen, wie es die Tempelbesucher so gern machen, nein, sie gaben ihm, was er brauchte, um wieder „ganz“ zu werden: die Kraft, seine Beine zu gebrauchen (Apg 3, 1–8). So ist es auch die Aufgabe der Kirche, Gottes Liebe zu verkörpern, indem sie alle Strukturen und alle Mächte aus der Welt schafft, die Menschen daran hindern, „ganz“ zu werden. Eigentlich soll die Kirche die Voraussetzungen dazu schaffen, daß Menschen wirklich Menschen sein können.

Die Autorinnen

Elizabeth Amoah gehört der Methodistischen Kirche in Ghana an und ist Dozentin bei der Abteilung für Religionswissenschaften an der Universität von Ghana in Legon.

Elsa Tamez, Mexiko, ist Methodistin und Mitarbeiterin an der lateinamerikanischen Bibelhochschule in Costa Rica.

Lee Oo Chung, Korea, ist Mitglied der Presbyterianischen Kirche und Präsidentin des Koreanischen Theologinnenbundes.

Julia Esquivel, aus Guatemala, lebt im Exil als Dichterin, Lehrerin und christliche Vordenkerin für die Sache der Gerechtigkeit in ihrem Land und in ganz Mittelamerika. Sie ist Mitbegründerin des Komitees für Frieden und Gerechtigkeit in Guatemala.

Marie Assaad, von der Koptischen Kirche Ägyptens, arbeitet beim Ökumenischen Rat der Kirchen (ÖRK), wo sie die Abteilung III (Bildung und Erneuerung) leitet.

Grace Eneme, von der Presbyterianischen Kirche Kameruns, leitet die Frauenarbeit von FEMEC (Federation of Protestant Churches and Missions in Cameroun = Vereinigte Protestantische Kirchen und Missionen). Sie ist Mitglied im Zentralausschuß beim ÖRK.

Maria Teresa Porcile, von der Römisch-Katholischen Kirche in Uruguay, ist Theologin. Zur Zeit macht sie ihre Doktorarbeit an der Universität Fribourg in der Schweiz.

Priscilla Padolina, von der Vereinigten Methodistischen Kirche auf den Philippinen, arbeitet beim ÖRK in der Abteilung „Die

Frau in Kirche und Gesellschaft". Dort leitet sie das Programm „Frauen und ländliche Entwicklung".

Mercy Oduyoye, in Ghana geboren und in Nigeria verheiratet, ist Methodistin. Sie ist Dozentin an der Abteilung für Religionswissenschaften an der Universität von Ibadan in Nigeria.

Elizabeth Dominguez, eine Philippina, ist Professorin für Altes Testament an der Theologischen Hochschule in Manila auf den Philippinen.

Aruna Gnanadason, von der Kirche Südindiens, ist Vorsitzende des Gesamtindischen Christlichen Frauenrates und stellvertretende Vorsitzende der Abteilung „Frauen in Kirche und Gesellschaft" des ÖRK.

Mahat Farah El-Khoury, Syrerin und Mitglied der Griechisch-Orthodoxen Kirche, ist freie Mitarbeiterin beim Kirchenrat des Mittleren Ostens und Schriftstellerin zu Themen des Friedens und der Frauen.

Bette Ekeya, von der Römisch-Katholischen Kirche in Kenia, ist Mitarbeiterin bei der Abteilung für Religionswissenschaften an der Universität von Nairobi, Kenia.

Virginia Fabella, von der Römisch-Katholischen Kirche auf den Philippinen, unterrichtet Religionspädagogik und ist Vorsitzende des Ökumenischen Verbandes von Theologen und Theologinnen in der Dritten Welt.

Kwok Pui Lan, von der Anglikanischen Kirche in Hongkong, ist Dozentin bei der Abteilung für Theologie am Chung Chi College in Hongkong.

Marianne Katoppo, von der Presbyterianischen Kirche in Indonesien, ist Theologin, Journalistin und Schriftstellerin für Frauenthemen.

Louise Tappa, aus Kamerun, ist Mitglied der Baptistischen Kirche und Mitarbeiterin bei der Allafrikanischen Kirchenkonferenz in Nairobi.